わたしの台南：「ほんとうの台湾」に出会う旅

我的臺南。

一青妙的府城紀行

一青妙 Hitoto Tae

張雅婷　譯

目次

臺灣版序

二〇一四年九月十三日，對我來說是個別具意義的日子。因為這一天舉辦了我在八月底剛出版的《我的臺南》日文版的新書發表會。會場選在鄰近日本政經中心東京千代田區霞之關的「日本媒體中心」（Japan Press Centre）大廳，這裡通常是政治人物或海外知名人士在日本舉辦記者會的場地，當天來了近兩百名熱情的民眾，現場座無虛席，讓我感動不已。

這本書之所以這麼受到矚目，我想是因為它和其他在日本出版的臺灣相關書籍不同，應該是第一本深入介紹臺南的書。

「我生長在二戰前的臺南，臺南是我的故鄉。能夠知道臺南現在的樣貌，真的讓我很欣慰。」

「我很喜歡臺灣，但還沒去過臺南，下次有機會真想到臺南走一走。」

演講一結束，許多聽眾來到臺前，圍著我提出了各式各樣的問題和感想，最讓我驚訝的是，裡面有很多年邁的長輩是日治時期在臺南出生的灣生。

「臺南的市中心以前叫做末廣町，也有銀座通呢！」

平均年齡超過七十歲的灣生們紛紛聊起兒時記憶裡的臺南，雀躍的和我分享。

當活動接近尾聲，臺南市長賴清德先生也趕到會場來，聽說他這次的訪日行程之一，就是出席我的新書發表會，市長對這本書的關注，著實讓我受寵若驚。同行的還有很多市議員，當中也包含了催生這本書的關鍵人物——郭國文先生。

「我記得戰前種了很多盛開的鳳凰花，現在變得很少，希望能夠多種一些。」

「希望臺南能多蓋一些大飯店。」

看到市長蒞臨會場，灣生們於是踴躍提出自己對臺南的期望，市長聽了雖然偶爾露出為難的表情，卻又開心的回覆：「我會盡量滿足大家的願望。」

日治時代臺南最後一任市長羽鳥又男先生的孫子也在會場。

看到這麼多日本人殷切盼望臺南能夠變得更好，這幅光景實在讓我感到很不可思議。

這份熱情或許就是臺日關係的縮影吧！因為大家都把臺南當做自己的家鄉般關心和愛護，才有緣在這個場合齊聚一堂。

《我的臺南》才剛發售，就在日本國內獲得了相當熱烈的迴響。「請跟我們分享妳筆下的臺南！」演講邀約如雪片般飛來，一開始我去了臺灣人也十分嚮往的觀光景點——以黑部立山聞名的富山縣，接著到東京、石川縣等地，懷抱著一股熱情推銷臺南的魅力，想讓更多日本人知道臺南的好，不僅分享道地美食和自然美景，還介紹了在地的歷史文化，讓大家都想親自到臺南走一遭。

最近，日本女性雜誌在介紹臺灣的觀光特輯裡，報導臺南的篇幅也明顯增加，臺南在日本的曝光率愈來愈高了。

而在臺南，聽說這本書也引起了不小的騷動。

出書約一個月後，在書裡登場的「馬路楊」檳榔店的楊桑丟了臉書訊息給我，劈頭就說：「嚇死我了！」這是因為陸續有不少日本人手裡拿著《我的臺南》去拜訪「馬路楊檳榔會社」。

第一組日本遊客搭著計程車出現在檳榔店前。

不會說日文的楊桑和不會說中文的日本稀客，就這樣用筆談交流。

之後日本的遊客絡繹不絕，每次楊桑都會熱情的帶著遠方來客到附近走走逛逛，或是比手劃腳、以筆談溝通。

截至二〇一五年五月的日本黃金週連假，前往造訪馬路楊檳榔店的日本遊客竟高達八十五組，我想，如果哪天日本訪客超過一百組，就換我招待楊桑到日本玩。

書裡介紹的小吃店或民宿等，聽說也增加了不少來自日本的訪客。

只要來過臺南就會對這裡念念不忘，一定會再度造訪，再次來感受臺南的氣息。

從初訪的陌生到現在的熟悉，即使年紀相差不多，我還是自然而然把楊桑當做「第二個爸爸」，而對楊桑來說我也像是他的長女。

認識臺南到現在才不過幾年而已，環境的瞬息萬變卻相當驚人，原本的空地蓋起了新飯店，常去光顧的小吃店變成了咖啡館，破舊的老房子改造成時髦的民宿，變化的腳步愈來愈快。

二〇一五年之前，正在籌劃興建的大飯店就有三間，同時也預定幾年後會開通臺南捷運或單軌電車。

現在的臺南，只有在當下體驗才知箇中滋味。

就像臺灣歷史的發跡地「安平」，也正在寫下歷史的新頁。

二〇一四年十月，安平舉辦了第二屆「南吼音樂季」，這是前一年在臺南知名歌手謝銘祐和當地居民的號召下開始舉辦的臺南在地大型音樂祭。雖然是歷史很短的戶外活動，卻頗有幾分架勢，以臺南文化為主題，囊括臺語歌曲與原住民歌曲，此外也邀請日本歌手共襄盛舉，引發共鳴。相信不久的將來，這場野臺活動會成為臺灣聞名國際的一大盛事。

目前為止，我寫過《我的箱子》和《日本媽媽的臺菜物語》兩本書，分別描寫我的臺灣人父親和日本人母親的故事。

透過這兩本書，一下子拉近了我和臺灣的距離，但無論哪一本，其實都在回溯我父母留下的人生足跡，這樣的尋根之旅是我對他們的朦朧追憶，並不是自己開拓的道路。

《我的臺南》讓我可以自信的拍著胸脯告慰父母的在天之靈——臺南是我和臺灣的新連接點，是我自己走出來的一條路，我會持續關注臺南今後的動向，也將和臺南一起攜手邁向未來。

前言　從東京到臺南

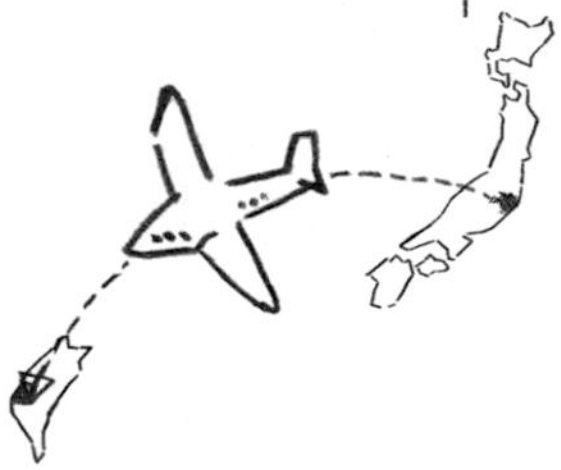

從東京到臺南有幾條路線可以選擇。

首先，最基本的航線是從東京羽田機場飛往臺北的松山機場，之後轉往臺北車站，再搭乘臺灣高鐵南下，約一個半小時車程即可抵達臺南。

其次是直接從日本飛往高雄小港機場，再到高雄火車站搭乘臺鐵前往臺南，自強號的話只需三十分鐘即可抵達。

最後則是從東京成田機場出發，雖然會比羽田機場慢一些，但是飛往臺灣桃園機場的班次不少，之後搭乘計程車或接駁巴士前往高鐵桃園站，再轉搭南下的高鐵，約一個多小時可抵達臺南。

這三條路線我都嘗試過，而最常採用的是第三條路線——成田往桃園，因為這是其中最經濟實惠的。儘管來回一趟頂多差個兩到三萬日幣，但對往返臺灣和日本超過十趟的我來說，加起來的數目就相當可觀了。這幾年，每當我一逮到機會，就會拉著小型的 BREE 黑色行李箱，從東京的家出發去臺南，雖然我在臺南既沒有家也沒有親朋好友，但這個連故鄉都稱不上的地方，卻深深吸引著我。

為什麼是臺南呢？

箇中的理由我將透過這本書娓娓道來。感覺很難用三言兩語說得明白，反過來似乎也可以說我是毫無理由受到吸引，如果不試著把千頭萬緒化為文字，或許連自己都不清楚為何會對臺南如此傾心吧。總之，有一點是我非常肯定的——那就是書寫我的臺南紀行。因為在我心靈深處，對臺南的悸動始終沒有改變。

二〇一三年六月底，東京的天氣不冷也不熱，明明應該是梅雨季節，卻連日來晴空萬里，一如以往，我搭乘熟悉的航線從成田飛往桃園。當飛機抵達桃園機場時，我從座位上起身，淹沒在人潮中往出口邁進。直到離開機艙前一刻，還覺得冷氣開得太強了，但一踏上空橋，臺灣的熱氣就像從壓力鍋蒸騰而出的熱風，一古腦兒竄了上來。

其實我是很怕熱的人，即使是從縫隙吹進來的熱氣，都會讓我立刻舉白旗投降，何況目的地是比臺北還熱的臺南，我不斷向自己信心喊話：「妳一定可以的！」

這次是從機場搭乘接駁巴士到高鐵桃園站，平常沒有遇上塞車的話，穿過鬧區和住宅區，大約十五分鐘就到了。從桃園到臺南的高鐵車次一小時只有兩班，買了車票後距離搭車還有一些時間，嘴饞的我於是開始在車站裡覓食。

車站裡有摩斯漢堡，聽說比起日本更受到臺灣人歡迎，此外還有小型的土產店、7－11超商、臺灣本地的連鎖咖啡店「怡客咖啡」（IKARI Coffee）等。我想既然來到臺灣了，就不考慮在日本也吃得到的漢堡和咖啡，而選擇了7－11超商的關東煮。

雖然日本超商也賣關東煮，但是在臺灣很多食材都融入了當地特色，我拿了茭白筍、貢丸、豬血等結帳後，找了個位子坐定享用，望向四周，發現有些人跟我一樣在吃關東煮。

在日本，一般只有寒冷的季節才會想吃關東煮暖暖身子，但是臺灣超商的關東煮卻是一整年都擺在櫃檯前販賣，而且很受歡迎。聽說在日本統治時代，關東煮的日文「おでん」（O-den）飄洋過海到臺灣，在發音上逐漸變成臺語的「黑輪」（Oo-lián）而逐漸普及。

7－11超商的關東煮分為原味和麻辣兩種口味，我選了麻辣，但喜歡吃辣並不代表很能夠吃辣，我一邊忍著麻辣的刺激感，一邊大快朵頤，轉眼間搭車的時間也快到了。

從高鐵臺北站數起來，桃園站是第三站，當我走入車廂內，座位已經有七分滿，我找了空位坐下來。高鐵的正式名稱是「臺灣高速鐵路」，採用的是日本新幹線的車廂技術，所以高鐵的車廂設備和日本新幹線很像，在這裡很難感受到異國情調。

車廂內唯一讓我感覺自己真的身在臺灣的，大概就是此起彼落的手機聲響——隨時會有手機傳來肆無忌憚的來電鈴聲，還有人扯著嗓門講電話，甚至有乘客用手機看電視節目卻不戴耳機。

西裝筆挺的上班族用濱崎步的歌當手機鈴聲，看起來不苟言笑的阿伯的手機鈴聲卻是哆啦A夢，臺灣人的來電鈴聲太多采多姿了，雖然想要小睡片刻的人可能會覺得很煩，我卻很喜歡這種感覺。日本人在公共場合總是一板一眼而少了一些人情味，臺灣在這方面的隨性，反而讓人有真實的存在感。

高鐵桃園站位於大臺北地區的通勤範圍內，因此周遭的土地正被大量開發，隨處可見剛完工的大廈或正在興建的高樓。乘著高鐵一路南行，過了臺中站後隧道變多了，但窗外的綠意也呈正比增加，樹林和農田的鄉間風情映入眼簾；抵達嘉義站時，整個車窗外看到的都是一片綠油油，列車大概在這一帶越過北回歸線，代表要從副熱帶氣候跨入熱帶氣候了。

在臺灣可以享受到多層次的綠意，每次南下我總是目不轉睛的盯著窗外，努力尋找綠色風景。儘管綠色對眼睛有益，但我的兩眼視力都保持在一．五，完全沒有近視的困擾，萬一視力變得更好，恐怕我就要變成千里眼了。

穿越了長長的隧道後，綠色草原上籠罩著雲霧，視野突然變得晦暗，離開桃園站時還晴朗無雲的天空轉眼間烏雲密布，開始下起大雨，雨滴強勢的拍打著車窗，看樣子是午後雷陣雨，可以明顯感覺雨勢是從北往南移動。

從桃園站出發後過了一個小時又十五分鐘，我終於抵達臺南，看著外面猛烈的雨勢，用「傾盆大雨」來形容一點也不誇張。我的心底湧起一股興奮之情，這場來得莫名其妙的大雨，正代表我來到了真正的南國——臺南。

如果是在東京遇到這樣毫無預警的豪雨，我一定會覺得自己很倒楣，但這一場雨對不常下雨的臺南來說，彷彿是老天的恩寵，在抵達臺南的第一天就遇到雨的洗禮，只能用幸運來形容，就像在神社抽籤抽到大吉一樣，讓人雀躍不已。原本像是泡三溫暖般的暑氣，經過這場雨的沖刷也會降低許多吧。

雷陣雨通常下不久，再過兩個小時應該就會停，由於這趟旅行沒有特別緊湊的安排，距離朋友到車站來接我也還有一段時間，我便坐在車站大廳的椅子上等待，痴痴望著外面的風景。

強勢的雨滴打在柏油路上又馬上彈起，就像平底鍋上的熱油般彈跳著，周遭除了停車場，幾乎沒有其他建築物，但眼前這一片綠地也許再過不久就會被開發，這樣的美景也將成為幻影吧！

雨聲變得更大了。

我翻開手上介紹臺南美食的《移民臺南》這本書。

作者魚夫長年住在臺北，身兼漫畫家、評論家、大學教授和電視節目主持人等，是非常活躍的人物，然而有一天他卻突然宣布退休、移居臺南。他在這本書中介紹了在臺南吃過的美食，二〇一三年五月出版後大獲好評，立即成為各大書店的熱門暢銷書，不管翻到哪一頁，上頭畫的食物看來都讓人垂涎三尺，即便已經酒足飯飽也會被勾起食慾。

每次到臺南，我都習慣先將這本書裡自己感興趣的店家做個記號，然後攤開地圖確認位置，認真的想把這本書介紹的每一家店都走過一遍。

我很喜歡旅行，在臺灣的時候總會去逛逛書店、翻閱各國的旅遊書，讓自己沉浸在周遊列國的氣氛裡，當然也絕不會錯過介紹臺灣的國內旅遊書專區。

然而過去在臺灣，介紹臺南的旅遊資訊非常有限。

旅遊書上記載的不外乎是「擔仔麵」、「米糕」、「蝦捲」、「棺材板」等大家耳熟能詳的臺南小吃名店，並介紹一些歷史古蹟，但這些內容缺乏吸引力，對很多南下高雄或北上臺中的民眾來說，順道經過臺南時去吃個飯也就夠了，似乎沒有必要多作停留。

在日本也是相同的情況，儘管每年都會推出好幾本臺灣旅遊書，介紹臺南的頁數卻遠遠不及臺北的十分之一，那寥寥幾頁彷彿在告訴讀者：「雖然你的行程裡不會安排臺南，但畢竟是介紹臺灣，所以編輯部也姑且做了點功課喔！」內容感覺就是敷衍了事，無法引起讀者對臺南的興趣。

不久之前，我想很多人對臺南的印象還很模糊，也不會特別列入旅遊行程。

然而，從二〇一〇年左右開始，臺灣陸續出版了專門介紹臺南的旅遊書，二〇一二年以後更是如雨後春筍般出現。

雜誌方面，相繼發行了《臺南好時光》、《臺南 Walker》、《臺南款款行》，許多旅遊情報刊物也都著手企劃臺南特輯。書籍方面，則有《府城的美味時光》、《漫遊府城》、《府城老字號》、《散步阮臺南》、《臺南的樣子》、《臺南過生活》等，從觀光資訊到書寫臺南生活的散文小品紛紛出籠，以往總是和其他地方城市一起擺放在書架上不起眼角落的臺南，如今甚至有了獨立專區，相當受歡迎。

這股觀光熱潮為臺南的大街小巷帶來了活力。

當地人興奮的說：「人潮來了，錢潮也來了！」

除了觀光，許多離鄉背井到臺北等大都市謀生的臺南人也逐漸回流，找尋另一種樂活（LOHAS）的生活方式，「在臺南開啟第二人生」，還有很多來自外地的年輕人選擇在臺南開店創業。

臺灣人以外，也有大批香港觀光客湧入臺南，乃至產生了「移民臺南」的現象——有香港人因為在臺南找到香港往日美好的風情而選擇在此定居。

一瞬間，臺南成為眾所矚目的焦點，而我也剛好搭上了這波熱潮，就像在因緣際會下突然和心儀多時的對象熟絡起來，我也無可自拔的深深被臺南吸引。

當我開始頻繁的造訪臺南後，才知道在當地大家是這麼說的：

「臺北討生活，臺南過生活。」

我想這句話就足以說明臺南的魅力了。

我的雙腳光是踏在臺南這塊土地上，心裡就不知為何跟著感到自在。

臺南經常被拿來和日本的京都相比，我覺得這並不貼切，雖然臺南和京都在歷史與文化上都累積了一定的深度，但京都優雅洗練卻帶有距離感，而臺南則充滿了濃厚的鄉土人情。

臺南別名「府城」，源自清朝在臺灣設置的第一個行政機關「府」，是當時在政治、經濟、文化各方面都非常繁榮的城市。到了日本統治時代則將總督府設在臺北，戰後臺灣的經濟發展上也優先建設臺北和高雄等地，臺南就在不知不覺中被遺忘了。

過去，很多臺南人為了尋找更多就業機會，而外移到交通發達和高樓林立的大城市，生活機能便利固然是件好事，但急遽開發的同時也相對犧牲了不少東西，不只歷史遺蹟被破壞殆盡，珍貴古老的文物也蕩然無存，在缺乏妥善規劃、急就章的開發下，都市往往喪失了原有的生活意義。

因此很多在臺北或其他縣市感到失落的人來到了臺南，便會感覺自己回到了真正的「臺灣」，真切感受到這塊土地上人與人之間的交流。

或許我也是其中一人。我的父親是臺灣人、母親是日本人，我在日本出生後不久就被帶到臺灣，在父親的故鄉臺北展開新生活。

一九七〇年代，日本的高度經濟成長告一段落，當時幾乎每個家庭都擁有電視、洗衣機和冰箱三種神器，人人豐衣足食；而臺灣則是在國民黨的一黨獨裁統治下經歷長時間的戒嚴，才正要開始邁向經濟發展。

雖然距離現在已經是三十多年前的事了，只剩下片斷的畫面，但若拼湊起來，我記憶中的臺灣大概是這個樣子——

燒香的味道。

熱風。
頂著鳥窩頭的歐巴桑。
用水溝般的汙水洗碗盤和蔬菜的攤販。
嚴重超載害車門關不起來的公車。
毫不在意儀容的歐吉桑。
早上豆花攤子的叫賣聲。
孩子們的笑聲。
路邊隨處可見的紅色檳榔渣。
停播時間比播放時間還久的電視節目。
缺了角的碗公。
擁擠的路邊攤。
蔣介石的銅像和中華民國國旗。
熟練的邊走邊擤鼻涕的歐吉桑。
可以從車底破洞看到路面的計程車。
熱鬧滾滾的菜市場。
汽機車排放的廢氣和汽油味。

雞啼聲和嬌豔繽紛的花朵。

看似雜亂無章的日常景色，卻能深刻感受到生活的氣息和痕跡，而我也真實的存在於那幅風景之中。這麼說或許很老套，但當時的臺灣在物質上雖然不像日本那麼豐裕，卻讓人感受到精神上的富足。

進入一九八〇年代，我們一家的生活重心從臺灣移到了日本，一開始讓人最吃驚的，是打開電視一整天都在播放節目，學校功課也很少，街道整齊乾淨，左鄰右舍的對話彬彬有禮，超市裡賣著包裝好的魚肉，水龍頭的水打開就可以喝，電玩和漫畫等休閒娛樂也很多。

從臺灣來的我，一開始就像不小心闖進別人家裡的野貓，什麼都感到新鮮，但很快的就適應了日本的一切，變成溫馴的家貓，覺得日本真是人間天堂，甚至告訴父母我不想回臺灣了。

在那之後過了二十多年，我和臺灣的關係變得很淡薄，但從二〇〇七年左右開始，因為工作和人際關係的往來，重新開啟了我和臺灣的緣分，雙方又逐漸熟稔起來。

久違的臺北依舊炎熱，但景物全非。就像東京一樣，高樓大廈櫛比鱗次，交通便捷的捷運取代了破舊不堪的公車，冷氣開放的餐廳比比皆是。

我曾經認為理所當然的風景、不會改變的味道、不會變化的人事物，就像車窗雨刷掃過的水滴那樣被抹去，我記憶裡的臺灣蕩然無存。那個曾經央求著不要回臺灣的我，或許是察覺到童年時和家人的回憶都銷聲匿跡了，終於在這時第一次感到失落。

這不是我印象中的臺灣，我想要回到曾經生活過的熟悉的臺灣。即使知道這樣的念頭是種奢求，但我在每一趟臺灣之旅中仍不自覺的想尋找記憶裡的那段時光，直到我邂逅了臺南。

臺南至今仍保有許多有形與無形的臺灣文化和生活模式。

當我在臺南街頭發現了三十年前常在臺北巷子裡看到的歐吉桑時，心頭的雀躍實在難以言喻，如同我想起小時候在炎炎夏日裡吃著刨冰的滋味。周遭的臺語則讓我想起了身為日本人的母親拚命學臺語、在菜市場努力用臺語殺價買菜的身影。

在臺南，總會讓我想起以前街坊鄰居的親切與熱情，讓我感到特別自在。

「呷飽沒？」「你要去叨位？」熱心的招呼聲此起彼落。

我就像一眼發現柑仔店的孩子般興奮，同時充滿了懷念。

仔細想想，臺灣會吹起這股臺南熱潮，某種程度或許是因為很多臺灣人和我有相同的感受吧，對於汲汲營營的現代生活方式感到疑惑，為了追求真正的「臺灣生活」而來到臺南，在此尋找曾經遺失的美好。

書還攤開著，我的腦海裡卻想起了過去的種種，不知不覺已經過了三十分鐘，而外頭的雨勢似乎還不肯罷休。

我閉上眼睛，認真的思考著自己和臺南的淵源。

我的父親是姓顏的臺灣人，所以臺灣的親戚們都叫我「顏妙」，聽起來輕快悅耳，我也欣然接受，而聽說全臺灣姓顏的人家最多的就在臺南。

基隆出身的父親一家該不會和臺南有什麼樣的淵源吧？調查之後，發現我們顏家和鄭成功也許有一些關聯。

在日本，鄭成功早在江戶時代前期、透過劇作家近松門左衛門創作的人形淨琉璃《國姓爺合戰》而家喻戶曉，據說最早開拓臺灣的顏思齊曾和他的父親鄭芝龍結盟。

顏思齊出生於福建省海澄縣，是活躍於日本和臺灣之間的知名海盜，他在臺灣的據點是臺南，而顏家在臺南和嘉義建立了地盤，因此臺南現在有很多姓顏的家族。我雖然出身經營礦業的基隆顏家，但若追根究柢，說不定可以追溯到顏思齊這號人物。

或許是因為顏氏一族的召喚，才讓我不自覺的來到了臺南。

臺南畢竟沒那麼熱門，即使每年有許多日本人到臺灣旅遊，會去臺南的人還是少數，即使是「哈臺族」，也有很多人沒去過臺南。

「臺南是臺灣最南端的都市嗎？」

「臺南有什麼特色呢？」

每當我大力推薦臺南時，總是會被這樣的問題給問倒，因為你非得親身體驗才會了解臺南的魅力，實在無法一言以蔽之。

臺南匯集了臺灣的歷史、人文、氣味和風景，融合了所有臺灣的元素。

臺南是臺灣最早開發的地區，宗教信仰也很多元，有全臺最古老的基督教長老教會，也有許多道教等民間信仰的廟宇，很多住家門前或廟宇往往一大早就傳來焚香的味道，裊裊香煙如同朝霧般。

這裡還有很多由傳統的老房子改建而成的民宿，有些相當受歡迎，如果想要在週末入住，可能半年前就要預約了，此外甚至有民宿提供不亞於京都「俵屋」的高規格服務，用心程度讓人激賞。

看起來不起眼的霜淇淋店，門口卻大排長龍，聽說一天可以賣三百支以上，真是不可思議。

而深夜裡人聲鼎沸的不是咖啡館，而是水果店——臺南是水果之都，出產的每一樣水果都讓人讚不絕口。

最初統治臺灣的荷蘭人在一六二四年建立了安平古堡這座全臺歷史最悠久的城堡，同時也保留了清朝和日本統治時代的建築，臺灣的歷史足跡彷彿都濃縮在臺南。

臺北的年輕人不太會說的臺語，在臺南卻是日常會話的主要語言，商店裡一來一往都是充滿鄉土味的臺語。

安平是臺灣最早開發的地區，這裡的居民也為此感到驕傲。

經營時髦舊書店的老闆總是埋首於內容艱澀的書籍中。

還有安居在巷弄裡的住戶。

在臺南不需要高跟鞋和絲襪，這裡沒有四季之分，整年都處在熱帶氣候中，也不常下雨，標準行頭就是千拖丫（夾腳拖）和短褲。

臺南給人的第一印象或許有些雜亂無章，但傳統與創新在這裡相互交錯、融為一體、生生不息。

只要去過一次，臺南就會向你招手，要你「擱再來」。

要是不認識這樣的臺南，那就太可惜了。

要是不搭上這股臺南熱潮，那就更可惜了。

雨勢逐漸變小。

看樣子再過一下子雨就會停了。

我脫下從日本穿來的鞋子，換上千拖丫再次踏上臺南的土地，迫不及待想衝往書中那些做了記號的店家。遠遠的看到朋友揮著手走來，我的臺南之旅就要啟程了。

第一章

感受臺南的人情味。

我和臺南的淵源

二〇一三年九月二十九日，臺灣的地方報紙刊登了一張有點奇特的照片。

照片裡，一群小孩圍繞著牲禮牛，爭相拔取牛頭上的毛，而我擠在中間拚了命伸長手的畫面就這麼被拍了下來。

在擁擠的人群中照得不是很清楚，說不定只有我知道自己在哪裡。

我在臺南孔廟的祭典中拔的這根牛毛成為我的「戰利品」，至今被我妥善保存著。

就是這根牛毛，串起了我和臺南的「歷史」。

位於臺南市中心南門路旁的孔廟，四周的牆由紅磚砌成，在熱鬧的市區裡算是相當醒目的地標。在臺南旅行的時候，我總習慣以孔廟為起點來計算距離、時間和方向。

西元一六六五年，鄭成功的兒子鄭經建立了這座全臺最古老的孔廟，附設的明倫堂在日治時代是臺灣第一所公學校，入口處還高掛著寫有「全臺首學」的四

全臺最古老的孔廟，每年9月28日會舉辦祭孔典禮，附設的明倫堂是臺灣最初的公學校，上面掛的匾額寫著「全臺首學」。

字匾額。

每年九月二十八日是孔子的誕辰紀念日，世界各地的孔廟都會舉行祭孔典禮，但很多地方已經將儀式簡化，唯獨臺南孔廟至今仍保留完整的傳統儀式且聞名全球。廟方當天早上五點會舉行隆重的釋奠大典，只有事先預約的人才能夠觀禮，為了參加這場典禮，我在好幾個月前就已經預約了。

凌晨四點半，我從下榻的地方出發前往孔廟，離天亮還有一段時間，一片漆黑中，可以透過月光隱約看到來自四面八方的民眾陸續湧入孔廟。其中還有一團是搭遊覽車前來的歐美遊客，雖然在臺北常常可以看到西方臉孔，但在臺南還不多，由此可見祭孔典禮的名氣已經遠播海外了。這一次是孔子誕辰二千五百六十三週年紀念，孔廟境內響起大鼓聲，通知民眾儀式即將開始。

擔任正獻官的是臺南市長賴清德。這位相貌堂堂的政治人物，甚至被看好是未來的總統人選，他身穿全黑禮服，重複著獻酒和鞠躬的動作。

隨著莊嚴肅穆的雅樂聲，當地忠義國小的學童們表演起中國古代的雅樂舞——六佾舞。

祭孔典禮的禮服、雅樂和傳統舞蹈等一切遵循古禮，雖然很有看頭，但我最期待的還是看到被當做「牲禮」的家畜。從小我就對血充滿了好奇心，記憶中還曾經因為看到血而異常興奮（原本我最想當的是外科醫師，因為醫大的考試落榜，所以才選擇了同樣可以看到血的牙科）。當我聽說祭孔典禮上會使用豬、牛、羊等牲禮時，腦海裡還閃過了動物被切斷脖子的血腥畫面，但其實祭壇上擺的是已經處理好的牲禮，這一點竟讓我感到小小的失落。

孔廟的祭品雖然很多都已經簡化了，但臺南孔廟還是使用當天一早活宰後立即送來的牲禮獻祭。獻給孔子的牲禮被綁在木製檯架上排列著，因為在臺灣的傳統市場經常可以看到豬和牛，所以我並沒有特別的感受，但當我看到剃了毛的羊四肢被牢牢綁住的瘦弱模樣，不禁覺得有點淒涼。

祭孔典禮大約持續了一個小時，禮成後登場的就是重頭戲「拔牛毛」。牛耳和牛眼上面的毛自古就象徵「耳聰目明」，也稱為「智慧毛」，因此想要變聰明的學子與望子成龍的父母都會參加這項拔牛毛的儀式。

典禮一結束，上千位觀禮者便虎視眈眈的鎖定眼前的牛毛，我也輸人不輸陣，拚命將手伸向牛頭，幾十隻手毫不留情的伸向前，拔走一根根牛毛。我盯著手中緊緊握著的牛毛，彷彿瞬間長了智慧般雀躍不已，實在單純得可笑，然而融入這項傳統，讓我感覺自己似乎又更貼近臺南人一點了。

大家爭先恐後的拔牛毛。

孔廟是臺南的觀光勝地，對市民來說也是日常休閒的好去處，尤其綠蔭盎然的公園裡除了茂密的老榕樹，還有桑樹、芒果、釋迦、龍眼等許多果樹，運氣好的話，更可以看到松鼠在枝幹間蹦蹦跳跳。

休閒廣場上，有老人家用卡拉ＯＫ唱著日文歌，還有學生們開心的練舞或拍照，在這裡可以看到充滿活力的臺南。

孔廟雖然被列為國家一級古蹟，卻和當地居民的生活息息相關，對於和歷史融為一體的臺南來說，孔廟就是最好的寫照。

後來我再度造訪孔廟時，臺南市文化局的李清山先生負責為我導覽，他知道我的父親是姓「顏」的臺灣人，於是帶我往正殿的後方走去，指著一個牌位說：

「這裡祭拜的是妳的祖先喔！」

紅底金字的牌位上刻著「復聖顏子神位」的字樣，指的就是孔子最得意的弟子——顏回。

我的父親生於北臺灣的基隆顏家，日治時代以開採金礦和煤礦起家，是當時臺灣的五大家族之一。他從學生時代就在日本受教育，認為自己是不折不扣的「日本人」，卻在一九四五年日本戰敗後無可奈何的回到了臺灣。經歷了幾番波折，他在戰後再度回到日本，認識了身為日本人的母親，兩人結婚後生下了我

顏回的牌位。

和妹妹。父親在我就讀日本的中學時因為癌症過世，之後我和妹妹便從母姓「一青」，但小時候在臺灣，大家都叫我「顏妙」。

顏姓的起源，最早可以追溯到春秋時代的顏回，但我對這一點半信半疑，畢竟大部分的臺灣人都喜歡把同姓的偉大歷史人物當做祖先，並因此感到驕傲。

顏回出生於西元前五百二十一年，在孔子的眾多弟子中是最聰明的，而且人品也相當受到推崇，被視為孔子的繼承人，可惜英年早逝，在四十一歲的壯年就病死，讓孔子傷心不已。

唐代首屈一指的忠臣與書法名家顏真卿同樣把顏回視為祖先，顏家代代是博學多聞的學問世家，所以又被稱為「學家」。

李先生告訴我：「在臺灣，姓顏的人多半分布在臺南。」

這麼說來，自己和同樣姓顏的臺南人說不定也有關聯，於是我決定前往安南區祭拜顏姓祖先的「顏姓宗祠」拜訪。當天在宗祠前等我的是事先聯絡好的「臺南市顏姓宗親會」顏國理事長，剛見面時他顯得有點不知所措，但隨即因為同姓的親切感而展開了笑容。即使素昧平生，一旦發現對方的出生地或畢業學校和自己相同，便會立刻產生親近感，在臺灣，相同的姓氏也有助於迅速拉近和對方的距離。

孔廟裡只有顏回的牌位，這座顏姓宗祠裡卻有顏回的雕像——寬額頭、圓臉、鳳眼、單眼皮，我不禁脫口而出：「啊！真的很像！」因為顏回的樣貌和記憶中祖父和父親的臉孔還真有幾分神似。

如果我的祖先真的可以追溯到顏回，那還真希望我的血液裡也有幾分他的聰明和清高的品格呢。

告別的時候，顏國先生借給我一本《臺南市顏姓族譜》，我就像得到〈浦島太郎〉[1]裡的玉匣般如獲至寶，打定主意回到日本後要好好讀一讀。

在顏回出生約兩千年後，臺南出現了一位姓顏的人物，同樣名留青史。

那就是十七世紀活躍於東亞海域的知名海盜——顏思齊。他出生於西元一五八八年，是福建省漳州人，傳說他體格健壯、精通武藝，但受到地方官欺壓，於是殺害了官員的手下後逃往肥前平戶（現在的日本長崎縣）。

他後來活躍於日本的貿易界，卻又因江戶幕府實施必須取得特許的朱印船貿易制度，不得已離開平戶，轉而和中國海盜及日本倭寇結盟，由於為人豪爽，而被稱為「日本甲螺」（海盜頭目），成為馳騁於汪洋的大海盜。

聽說他在一六二一年登陸臺灣，占據了臺南一帶。

至於登陸的地點則眾說紛紜，包括臺南的鹿耳門、雲林的北港或水林、彰化

親切的迎接我的顏姓宗親會顏國理事長。

1 日本民間故事。敘述以捕魚為生的浦島太郎某天在海邊救了一隻海龜，對方為了報恩，便帶他到海底的龍宮一遊，接受乙姬公主的盛情款待。數天後，太郎因想念母親而打算回家，這時公主送給他一只玉匣，並囑咐他絕對不能打開。回到陸地後，太郎赫然發現景象與人事全非，母親也早已去世，這才恍然大悟——原來龍宮短短數天，在人間竟已過百年。傷心之餘，他忘記公主的叮嚀打開了玉匣，一瞬間變成了白髮蒼蒼的老翁。

的鹿港等地都有傳聞，但因為資料不足而缺乏有力的證據，所以很多地方都設有他的紀念碑。

在離嘉義交界處不遠、雲林北港市中心的圓環，就矗立了一座高約十公尺的「顏思齊先生開拓臺灣登陸紀念碑」，相當氣派醒目。

石碑上記載著福建漳州和泉州的三千位移民，便是透過顏思齊的協助才能順利來到臺灣，或許這也是臺灣歷史之所以從臺南一帶開始發展的原因吧。

和顏思齊結盟的二十八位中國海盜中，和他在平戶結識的鄭芝龍，便是之後在臺灣首次成立漢族政權的鄭成功之父。

一直以來都念理工的我，原本對歷史沒什麼興趣，但自從造訪臺南後，得知孔子的大弟子顏回可能是顏家祖先，還有江洋大盜顏思齊的傳奇故事等，埋首調查這些史事時，才發現歷史原來這麼有趣。

孔廟周遭種了很多臺南市市花「鳳凰花」，橙紅色的花朵美麗綻放，我走在鳳凰木旁的街道，想著我和臺南的歷史淵源，回過神，才發現鳳凰花的花瓣落在我的頭髮上。

不同於東京與臺北，我在臺南感受到了歷史的真實感，也許是籠罩著這片土地的空氣和在這裡度過的時光，讓我產生了這樣的感覺。

位於雲林北港的顏思齊紀念碑（左），以及熱蘭遮城（安平古堡）的鄭成功銅像（右）。

臺南的民宿新氣象

臺南觀光潮正夯！

每次到臺南，我都有這樣的感受。

第一次聽到「泡沫經濟」這個詞的時候，我並沒有實際的感受，畢竟日本社會邁入泡沫經濟時代時我還是個學生，社會整體的趨勢或經濟景氣似乎與我的生活完全無關。

而現在的臺南，處處都讓人感到生氣蓬勃，明顯比東京更有活力。姑且不論這樣的觀光熱潮是不是會像「泡沫經濟」般曇花一現，總之，臺南確實呈現一片前所未有、欣欣向榮的景象。

造訪臺南時我經常看到熱鬧的慶典活動、正在興建的高樓大廈、蜂擁而至的觀光客、擠滿排隊人潮的名店，以及人聲鼎沸的傳統市場。除了臺南固有的歷史文化，還集結了外地遊客帶來的刺激，相互激盪出讓臺南大放異彩的火花。

根據新聞報導，從二〇一一年起，臺南便是全臺灣人口唯一呈正成長的都市。

過去臺南的就業機會不多，年輕人大多外移到臺北、臺中或高雄謀生，直到最近，在物價低、生活壓力小、經濟快速成長等條件的推波助瀾下，成功吸引許多人到臺南開創新天地。除了回流臺南的本地人，還有從其他縣市或國外前來定居的「新移民」，甚至有從日本移居到臺南開店的日本人。

在臺北，房價一坪最少也要一百五十萬日圓，但是在臺南，一坪大概二十萬日圓就可以買到，對於沒有雄厚財力的年輕人來說，即使房價上揚，臺南仍舊是個充滿機會的地方。

人潮一旦聚集，就會帶動經濟活絡。包括土生土長的臺南人在內，以二、三十歲的年輕世代為中心，為臺南帶來了一番新氣象。

原創T恤專賣店、酒吧、咖啡館、美容院、畫廊、小吃店等，他們各自懷抱著夢想在臺南落地生根，有留學經驗的人就活用在國外學到的點子做生意；品味獨特的藝術家則成立專屬的藝文空間，在創作上精益求精。

其中我覺得最有趣的是老屋翻修的現象——買下傳統民宅、全面進行整修，再以此做為據點展開各式各樣的活動，尤其有些人會用來經營「民宿」，吸引觀光客入住。

日本人對於民宿的印象，往往是一棟老房子裡有日式的榻榻米房間和舖好的

「衛屋茶事」的老闆劉上鳴帥氣且熱愛京都（右）；木頭雷射工藝品店「莎普來囍」的老闆王芷琳嬌小可愛（左）。

棉被，經營民宿的爺爺、奶奶親自準備餐點，早餐是鹽烤竹筴魚、納豆和味噌湯，晚餐不是山珍就是海味，此外還有暖乎乎的溫泉，一個人一晚的住宿費不到一萬日圓。

但臺南卻反其道而行。經營者多半是年輕人，房間小、一天頂多接待五組客人，單純提供住宿而不供餐，甚至只附設簡易的淋浴設備，當然也沒有溫泉，一間房一晚的費用是新臺幣兩千元到八千元不等。

同樣的價格，在臺南可以住到香格里拉遠東國際大飯店或大億麗緻酒店，甚至麗晶酒店集團旗下的臺南晶英酒店等設備完善的一流大飯店，但許多觀光客還是對民宿趨之若鶩，魅力不容小覷。

我想臺南的民宿最吸引人的就是建築吧！因為是古都，所以日治時代的建築或中國傳統的三合院等老舊民宅整修之後，就成為品味十足的住宿空間了。踏入屋內，有 Wi-Fi 無線上網，也有年代久遠的老家具，形成新舊並存的景象。如果一口氣把整棟房子租下來，那麼廚房、客廳、飯廳和庭院等都可以自由使用。

要是想吃點什麼，只要到鬧區，美味的小吃比比皆是，心血來潮的話，還可以到市場採買喜歡的食材自己動手料理。

以價格來看，一個人住可能稍微貴了些，但如果和親朋好友一起分攤費用就很划算，若是週末入住，一些受歡迎的民宿甚至要提早半年以上預約呢。

謝宅

三十八歲的謝文侃出生在五口之家，大家都叫他「小五」。他的個性大而化之卻很有生意頭腦，是點燃了這波臺南民宿熱潮的關鍵人物。

我和臺南民宿的邂逅就是從認識他開始的。

小五經營的民宿「謝宅」有三棟，每一棟的評價都很高，非常難預約。他在海外留學後回到臺灣，也曾在澳洲工作，後來為了照顧生病的父親而回到臺南謀職，因不忍處處保有家族記憶的老建築被拆除，於是與成功大學建築系合作，修復了父親的起家厝，進而經營住宿。

二〇〇九年，最初開幕的「謝宅1——西市場謝宅」是小五的老家，採用整棟出租的方式，一天只接待一組客人。

謝家從小五的祖母那一代起，就在臺南有名的服裝市場「西市場」經營布料行，當時一樓是店面，樓上則是住家。

「這個樓梯很陡對吧？」

謝宅的老闆謝文侃，綽號「小五」，是點燃這波民宿熱潮的關鍵人物。

「謝宅1－西市場謝宅」內部。爬上陡峭的階梯，空間變得愈來愈寬廣，真是不可思議的設計。

小五喀拉喀拉的拉起鐵捲門，眼前出現的是寬度只能容一個人通過的樓梯，傾斜角度竟然超過八十度，簡直像在爬垂直豎立的鋁梯，我不禁開始擔心要怎麼把行李提上樓了。當我費了九牛二虎之力終於爬到二樓後，看到客廳裡擺著謝家人看過的書、照片和鋼琴，全都原封不動的保留在原處。

三樓是廚房和飯廳、四樓是寢室、五樓是浴室，愈往上爬空間愈寬廣，實在是很不可思議的倒三角建築設計。聽說是因為市場的地價高，為了擴大店面空間，便盡量縮減住家的入口，於是產生了這樣的空間設計。

接著，一陣蚊香和榻榻米的氣味撲鼻而來，瞬間讓人回想起日本的昭和時代，臺南人的生活和過去的日本頗有相似之處。

「最近好嗎？」

「很好啊，阿伯也好嗎？要注意身體喔！」

走在市場裡，招呼聲此起彼落，因為小五小時候常在市場買東西，所以和店家都很熟，大家就像親戚般熱絡。

他目前正計劃將祖母家改裝成「謝宅2」，在那之前，由叔叔家改建的「謝宅3——保安路謝宅」已經在二〇一〇年完工了。

「我從小就夢想著有一天能住在《湯姆歷險記》那樣的樹屋裡。」

「謝宅 3－保安路謝宅」裡矗立了
一棵臺灣楓香。

小五帶著自信的口吻向我介紹。將樹齡五十年的臺灣楓香移植到屋內，打造出自然和住家共存的空間，能夠舒服的望著大樹發呆打盹，真是一大享受。「謝宅3」實現了他小時候的夢想，二〇一三年，「謝宅4——西門路謝宅」更使小五引領的民宿風潮邁向下一個階段。

每一棟謝宅的房間都採用日式榻榻米並鋪好棉被、掛起蚊帳，民宿裡相當講究的浴缸，則是利用日治時代建築常見的「洗石子」工法，將混著碎石和石粉的水泥塗抹壁面後再用水沖洗，此外窗戶也堅持使用竹簾。

小五很清楚日式旅館的精髓所在，因此融合了日本和臺南的精神，內部設計也相當講究，用心程度真的很讓我感動。尤其他曾經住過俵屋旅館、阿曼度假飯店（Aman Resorts）、六感度假村（Six Senses Resort）等高級飯店，學習對方的經營和服務模式後，反映在自己的民宿上。

「我希望謝宅能夠成為代表臺南的品牌之一。」

小五成長的臺南中西區曾經是繁榮的商業中心，也是臺南早期有錢人集中的區域，在這裡推廣老屋保存，可以感受到他「身為臺南人，要藉由『住一晚』來傳遞臺南文化」的心意。

退一步來看，他的成功和自信可說與他的成長背景大有關聯，小五家是世居

「謝宅4－西門路謝宅」。謝宅一律採用日式榻榻米房間，還有用洗石子工法鋪設的浴缸。

臺南的大家族，所以當然有他的優勢在，透過他的努力推廣與分享，讓老屋在臺南發光發熱，更是有目共睹。

◆ 香格里拉遠東國際大飯店

臺南市東區大學路西段 89 號　06-7028888
http://www.shangri-la.com/tc/tainan/fareasternplazashangrila/

◆ 臺南大億麗緻酒店

臺南市中西區西門路 1 段 660 號　06-2135555
http://tainan.landishotelsresorts.com/chinese-trad/

◆ 臺南晶英酒店

臺南市中西區和意路 1 號　06-2136290
http://www.silksplace-tainan.com.tw/zh-tw/aboutus.php

◆ 謝宅

臺南市中西區西門商場 1 號　0922-852280
http://oldhouseinn2008.pixnet.net/blog

中西區民宿

包括謝宅在內，很多臺南民宿都集中在臺南市西側的中西區。清朝時，這一帶是貿易興盛的地區，有新港墘港、佛頭港、南勢港、南河港、安海港五個港口，因此稱為「五條港」。

這五個港口的水路向內延伸，貨船熙攘往來，當時兩側都是兩層樓建築，一樓是店面，二樓當倉庫，現在則全被掩埋了。

這一區的民宿相當受歡迎，尤其是正興街、神農街、信義街這三條路，總是人聲鼎沸、熱鬧不已。

這裡有一間風格獨特的佳佳西市場旅店，前身是一九七〇年代臺灣第一位女建築師王秀蓮女士所設計的「佳佳大飯店」，之後經過臺南知名建築師劉國滄先生整修，每間客房各以臺南在地的知名景點為主題，如「神農街屋」等，要選哪一間真是讓人傷透腦筋。

此外像「正興咖啡館」也附設民宿，共有三個房間。穿過咖啡館往裡面直走就是民宿，可說充分利用了內部狹長的特性，感覺空間頗隱密。我住的房間附設兩個大型的露天浴池，舒服到讓人想一整天都窩在房間裡不出門。

劉國滄先生的其他作品，還有離正興街不遠、海安路上的牆壁藝術「藍晒

「佳佳大飯店」以白色為基調，感覺清爽明亮。

圖」，曾經是臺南知名的地標之一；此外，他還改建了安平的「德記洋行」倉庫成為「安平樹屋」。他擅長融合原有的建築和自然與現代，營造出新鮮感，我也很喜歡他的作品。

「神農街」在日治時代稱為「北勢街」，據說是當時臺南最熱鬧的街道，二〇一〇年根據臺南市政府實施的保存計畫被歸類為「老街」，完整的保留了下來。

「正興咖啡館」也附設民宿。

定居在臺南的建築師劉國滄一手打造的安平樹屋（上）與藍晒圖（下）。可惜由於房屋改建，如今藍晒圖只剩下一面白色牆壁。

由五位女性共同經營的民宿「有方公寓」（右）。移居臺南的年輕人所開設的民宿「老古石渡」（下）。

貓咪咖啡館「Fat Cat Deli」的內部裝潢走溫馨路線。

有幾間民宿零星散布在神農街的民宅之間。如由五個女生共同經營的「有方公寓」，一進門就能聞到淡淡的精油香味；而由攝影師經營的「木子」則是走可愛路線。這兩間民宿都是從外觀難以想像的、充滿特色的空間，漫步在夜間照明下的石板步道，彷彿回到了二戰前的臺南般，洋溢著懷舊的氣氛。

信義街上有座環繞著臺南市的「兌悅門」，是現存最古老的城門。這條街和正興街或神農街比起來人潮較少，但街上的手工麵包店和餅乾店陸續開幕，每次來到這裡，我都對街景的變化之快感到訝異。

其他還有移民到臺南的香港青年經營的貓咪咖啡館「Fat Cat Deli」；熱愛臺南的年輕人打造的民宿「老古石渡」；一對退休夫婦開設的餐廳「筑馨居」（參照192頁）等，才心想某間屋子的門面頗有特色，沒想到原來又是新開的民宿，臺南的街景就像這樣每天不停的變化，人潮也愈來愈多。

臺窩灣民居

而安平的發展也不遑多讓。二〇〇六年，民宿「臺窩灣民居」在安平誕生，主人歐惠芳告訴我：「這裡可是臺南第一間民宿喔！」

當時還很罕見的民宿，如今在全臺南已超過百間，增加的速度非常驚人。「臺

由攝影師所經營的民宿「木子」。

窩灣民居」是興建於一九四七年的三合院，歐女士一家在一九九五年之前都還住在這裡，屋子中央有神桌、兩側則有廂房，是可以體驗早期生活風貌的珍貴民宿。

歐女士說剛開幕的前五年幾乎沒有客人上門，沒想到現在以歐洲來的遊客居多，每天都熱鬧滾滾。

「臺南不是一個汲汲營營的地方，而是可以放慢腳步、享受生活的所在。」

面對臺南民宿的蓬勃發展，歐女士表示樂觀其成，不但維持自己的步調，同時也堅持自我獨有的風格。

◆ 佳佳西市場旅店
臺南市中西區正興街 11 號　06-2209866
http://www.jj-whotel.com.tw

◆ 有方公寓
臺南市中西區海安路 2 段 269 巷 9 號
06-2231208
http://trip235.com

◆ 木子
臺南市中西區神農街 145 號
06-2219646 / 0972-922632
http://2010muzi.blogspot.jp

◆ Fat Cat Deli
臺南市中西區信義街 114 號　0983-788010
營業：11:00-19:30（假日到 20:00）
店休：星期三

◆ 老古石渡
臺南市中西區信義街 120 號
（文賢路和兌悅門交叉口）
0984-260256　http://www.loku.tw

◆ 臺窩灣民居
臺南市安平區國勝路 25 號
0953-600871
http://www.tayouan.com.tw

同棧

「安平第一間五星級民宿落成了。」

這間在當地居民引頸期盼下完工的全新民宿「同棧」，是整棟純白的三層樓建築，遠看就很醒目。

同棧的主人是安平遠近馳名的豆花店「安平豆花」的第二代老闆黃國欽，這間民宿並非整修原有的舊民宅，而是委託知名建築師設計，從無到有、精心打造而成。

波浪狀的樓梯扶手，讓人聯想起從安平遠眺的廣闊大海，每間客房都有不同的主題，像是日式的禪風或歐美的摩登風格等。而迎賓的餐點當然就是安平豆花，其他還有安平特產的蝦餅與古早味紅茶，貼心的服務讓人身心都感到舒緩。

安平地區的高樓大廈不多，所以白天可以在「同棧」的屋頂上眺望遠處的安平古堡和鹽水溪風光，晚上則能仰望繁星點點的夜空。

黃老闆一身古銅色的肌膚，體格結實、性格爽朗，是個不折不扣的自行車迷，每逢假日就會騎著自行車穿梭在臺南的大街小巷。父子兩代同心把豆花店經營得有聲有色，也讓安平成為更有魅力的小鎮。

毛屋

離安平市中心約十分鐘車程的小島「漁光島」，在二〇〇八年連結安平的漁光大橋落成之前幾乎沒有人煙。如今來到這裡，不但能在豐饒的大自然中充分享受森林浴，村落裡甚至出現了一座饒富現代感的清水模建築。

這棟民宿「毛屋」並非由傳統民宅翻新，而是從零開始精心打造的建築。民宿主人毛森江是建築師，同時也是土生土長的臺南人，他對安藤忠雄的清水模作品推崇備至，曾到日本的大型建設公司大林組與竹中工務店學習技術，再回到故鄉實現自己的理想。

抵達毛屋，出來迎接我的是毛森江先生的三女兒——笑容可掬的韋柔。

一進屋內，內部擺設立即吸引了我。除了丹麥的家具設計師漢斯．韋格納（HANS. J. WEGNER）的昂貴Y型椅（Y Chair），中央還有一整塊將近七公尺長的臺灣杉原木做成的桌子，超過五公尺高的玄關門也是特別訂製的，早餐提供的則是臺南特產的「牛肉湯」和「虱目魚粥」，這裡的每一樣東西都精挑細選、毫不妥協。毛先生也在臺南許多地方持續推出採用清水模工法的建築物，為臺南注入一股新氣象。

風光明媚的漁光島，2008年架設了漁光大橋連結安平，交通變得更便利。

不少土生土長的臺南人認為臺南的觀光熱潮純粹是外地人炒作出來的。

這或許點出了部分事實，然而，這些帶動觀光熱潮的人不同於路過的觀光客，他們的共通點是「熱愛臺南」，重新發現了臺南的好，在這裡駐足、扎根、展開新生活，我私心期待這樣的熱潮能夠持續下去。

毛森江和三女兒毛韋柔（右下）。民宿「毛屋」用 7 公尺長的臺灣杉直接做成長桌（左），還有高達 5 公尺的特製玄關門等，處處可見巧思。

◆ **毛屋**
臺南市安平區漁光路 119 巷 2-1 號
06-3912113
http://www.maowu.tw

邂逅楊桑——馬路楊檳榔會社

每次到臺南，我一定會去拜訪一個地方。

那就是位於民族路和康樂街交叉口附近的檳榔店。

檳榔是具有提神作用的果實，就像嚼口香糖一樣。我不吃檳榔，到這裡只是單純想和老闆楊永成打聲招呼而已。只要我一出現在店門口，楊桑就會用他一貫的熱情口吻問我：

「你來啊，呷飽沒？」

檳榔是棕櫚科常綠喬木，分布區域涵蓋亞洲及太平洋地區。

我記得之前搭高鐵南下時，過了臺中就會看到一大片高聳的樹木，那時我還很興奮的說：「臺灣南部真棒啊，四處都是椰子樹，簡直像來到了夏威夷！」

話一說完，立刻被一旁對臺灣瞭若指掌的日本友人糾正說：「那些全都是檳榔樹。」

仔細一看，確實長得和椰子樹不一樣，檳榔樹的樹幹細，葉子也比較稀疏，頂端有白色的檳榔花，果實大小就像栗子，結實累累。

在臺灣經常可以看到寫著「檳榔」的招牌，反映出臺灣獨特的檳榔文化是多麼根深柢固。

檳榔店會在蔓生的荖藤葉上塗抹少量石灰，再將檳榔果實包起來。石灰可以催化檳榔內具有興奮作用的檳榔素（Arecoline），通常一包十顆檳榔售價在五十元上下。

賣檳榔的年輕小姐以中國歷史上的美女——西施來形容，稱為「檳榔西施」。身穿性感薄紗的女性在一坪大的空間裡包著檳榔，前方是一覽無遺的透明玻璃，經過店門口的車主要買檳榔的話，會從車內往外喊：「一包！」接著檳榔西施就會婀娜多姿的走出來，將檳榔遞給客人。

然而楊桑的檳榔店走的不是性感路線，也沒有檳榔西施，整體的感覺就像日本街角常見的菸舖。

檳榔店的鐵捲門總是敞開著，方便營業，路過的人也能自由進出，如果在店

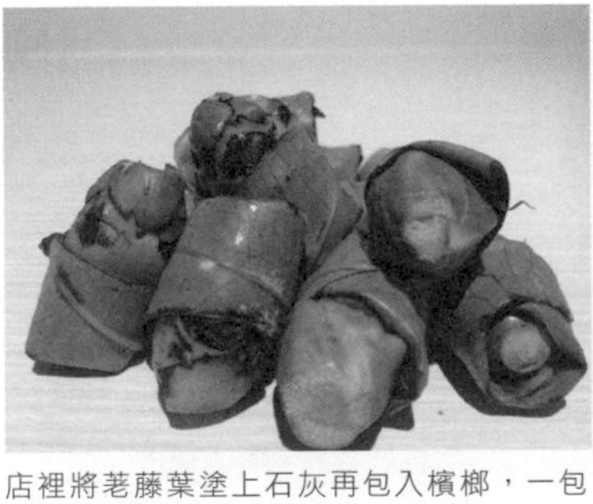

店裡將荖藤葉塗上石灰再包入檳榔，一包 10 顆售價 50 元。

裡多坐一會兒，就會發現光顧的客人幾乎都是熟客。

雖然店面不大，但聽說一天平均可以賣出一千五百到兩千顆檳榔。

我試吃了一顆檳榔，在嘴裡咬碎，澀味頓時散開，因為味道很澀所以唾液會不停分泌出來，繼續咀嚼的話會感覺體溫逐漸上升，真的有提神作用。但就像吃到澀柿子一樣，我不會想再試第二次了。

比起檳榔，我更在意的是蓄著短鬍、戴著眼鏡、髮量不多且看起來不太好相處的楊桑，就算再怎麼客套也很難說他帥，但是他的笑容充滿了魅力。

楊桑的雙親是在臺南知名的鳳梨產地關廟長大的，從父親那一輩開始就在這裡經營檳榔店，一九六五年出生的楊桑後來繼承了這間店，如今這間檳榔店已經有五十年以上的歷史了。

楊桑從小放學回家就必須在店裡一邊幫忙雙親，一邊寫功課，他看著雙親努力打拚的背影長大，所以自己現在也是全年無休、幾乎二十四小時營業，在妹妹、兒子和姪子的協助下一起經營檳榔店。

我和楊桑愈來愈熟，每次到臺南就會去檳榔店走走，和他坐在店門口天南地北的閒聊。有一天我妹妹偶然也到臺南玩，剛好碰上曾獲得「金曲獎」的臺南歌手謝銘祐舉辦小型演唱會，大家便相約同行，卻在演唱會現場發生了小小的「插曲」。

由於戶外天候不佳，觀眾也不多，在有幾分寂寥的氣氛裡，妹妹的手機響了，她可能想找個安靜的地方講電話，於是離開了會場，往人煙稀少的地方走去。

過了十分鐘左右她還沒回來，相對於我的氣定神閒，楊桑不停的回頭張望會場後方。十五分鐘後，他終於按捺不住，站起來說：「我來去找恁小妹。」

轉眼間三十分鐘過去了，我依然陶醉在歌聲當中，楊桑卻氣喘吁吁回到我身邊搖著頭說道：

「糟了，恁小妹不見了，我按那找攏找無。」

這時，在滿頭大汗、焦急得不得了的楊桑身後，妹妹若無其事的回到了會場，看到她回來，楊桑頓時鬆了一大口氣。回程車上，他反覆強調自己有多麼擔心。

「妳一個查某囡仔就這樣不見人影，偌是遇到歹人欲按那？」

「我看到一個背影跟妳很像的查某囡仔，靠近一看才發現認錯人，差一點被人家誤會是變態。」

「妳是查某囡仔，不通做那麼危險的代誌。」

一行人聽在耳裡都覺得楊桑太大驚小怪了，紛紛一笑置之，只有他仍舊一臉

讓楊桑擔心得不得了的演唱會當天，我和謝銘祐（中）、妹妹一青窈（右）。

嚴肅。

即使妹妹已經先回日本，楊桑看到我還是會忍不住跟我發牢騷：

「在臺灣這塊異鄉的土地，萬一恁小妹真正發生什麼代誌，我做一個臺灣人、一個臺南人，會感到真見笑。」

「自從破病以後，我很久沒像那天按呢一直走路和跑了，身體真不爽快。」

直腸子的楊桑，外表給人的感覺有點冷漠，但是在會場看到妹妹平安回來的那一瞬間，不但緊緊抱住了妹妹，還罵了她一頓，感覺就像父親一樣。

楊桑專程帶我們去聽現場演唱會，妹妹卻幾乎不在會場，她的舉動容易讓人解讀成明星的任性，不知道她是不是好好反省了，讓認識不到半天的臺南叔叔這麼擔心實在不應該，希望她多少能記住那一天的教訓。

和楊桑熟了以後才發現他愛照顧人的一面，這一點直到現在都沒變。

「外面在落雨，妳掛在歐兜邁上頭的安全帽仔我拿進來店裡放了。」

「妳明天偌是欲早起，我打電話叫妳起來。」

「妳肚子餓了吧，我買宵夜轉來啊。」

「欲喝紅茶無？這杯妳拿去喝。」

過去像這樣殷勤的噓寒問暖總會讓我想保持距離，但這次我卻反過來也想去關心對方。為了報答先前的宵夜之恩，我帶了水果再度拜訪，不知不覺中也變得常去楊桑的店裡露臉。

楊桑近二十年來的生活圈幾乎沒有離開過這個檳榔攤半徑一百公尺以外，也從來沒有搭飛機出國過，當然也沒去過日本。

「日本有多大？」

「臺灣的面積相當於日本的九州，所以全部加起來……」

「日本有這呢大啊，按呢有多少人？」

「大概一億三千萬吧。」

「啥米？有那麼多人喔！」

只要我出現在店裡，他就會好奇的問起日本的種種。

自從認識了我，他開始會拜託兒子在電腦上查詢各種跟日本相關的資料，每次見面，我都覺得他愈來愈了解日本。

隨著我們的交情愈來愈好，這次換我反問楊桑了。

「楊桑，可不可以跟我說一些你自己的事？」

「會按呢問我的，妳是頭一個。」

他邊說邊遞給我一杯紅茶，這裡的紅茶是楊桑自己煮的，從以前還是雜貨店的時候就開始賣了，真的很好喝。

楊桑從小喜歡念書，頭腦也很聰明，卻因為父親生病而不得已放棄學業，十幾歲開始就在店裡幫忙，也曾在工廠組裝零件，做過好幾份工作，最後才繼承了這間檳榔店。

他在二十七歲那年結婚，生了三個兒子，某天老婆卻突然帶著剛出生不久的小兒子離家出走。

他根本搞不懂發生了什麼事，就這樣成了單親爸爸，一個人賺錢養家、照顧小孩，每天忙碌不已。

過了十年左右，有一天，店門口出現了一個陌生的男孩子，對方似乎也不認得楊桑，或許是媽媽教的吧，一看到楊桑就開口叫他「阿爸」。

這世上會有做媽媽的把小孩子丟在門口就掉頭離開嗎？

往事聽起來很沉重，但楊桑的口吻沒有任何悲傷。

「家家有本難唸的經。」

他特地用這句中文諺語解釋，嘴角帶著苦笑，我想他其實心如刀割吧。

約莫七年前，楊桑被診斷為重度糖尿病。

「差一點就要截肢，目睭也可能失明。」

因為長期以來不注意身體健康，日夜操勞，一天只睡三個小時，所以當時幾乎整天都躺在家裡養病。那段期間食不下嚥，肚子卻像馬上要生的孕婦那樣膨脹起來，一翻身就全身痠痛、輾轉難眠，甚至因為劇烈咳嗽而斷了幾根肋骨，牙齒也開始晃動。

「但是有一天，這些痛苦的症頭竟然慢慢不見了。」

「我卻因為這樣矮了七公分。」

糖尿病和高血壓的數據都回復到正常值，但脊椎的椎間板受到壓迫導致嚴重駝背，他平淡的說著自己與病魔對抗的過程。

「破病之前我也是真緣投呢。」

連醫生也束手無策，最後卻能「奇蹟似的生還」，楊桑的經歷還成了街頭巷尾議論的話題，甚至有不認識的人跑來問他究竟是怎麼痊癒的。

那時楊桑這麼回答：

「我也無知影病是怎麼好的，不過我每天晚上都要喝高粱，可能就是按呢好的吧。」

對方還開玩笑說：「那瓶高粱你一定要分我喝！」

楊桑則笑道：「也不是啥米特別的酒，就是那邊那瓶金門高粱，欲喝就喝吧，但我無法度保證治百病喔！」

認識楊桑之後我學到了很多事，當中也包括臺語。雖然我多少聽得懂臺語卻不太會講，而楊桑就教了我很多臺語的對話。

在臺灣，雖然學校裡統一教中文，但來到南部，臺語才是主流，尤其在這種地方色彩強烈的檳榔店，使用的語言百分之百是臺語。

臺語沒有文字，一般閩南人的家庭裡，小孩子是聽雙親或祖父母的對話、在耳濡目染之下學會臺語，但隨著臺灣的小家庭愈來愈多，二十歲到三十歲不會講臺語的年輕人也持續增加，臺南卻不一樣，會講臺語的年輕人很多。中文的音調只有四聲，臺語卻有八聲，其實學起來有點難，用臺語打比方或開玩笑，往往相當傳神有趣。

比如「紅柿棗李梨」是一位妻子給情夫的暗號，在家門口排放著紅柿、棗子、李子、梨子，臺語發音等同「翁去這你來」，暗示「丈夫前腳出門，情夫後腳就可以進門」。

至於「去蘇州賣鴨蛋」是到遙遠的中國蘇州賣鴨蛋，暗指「人死」，避免直接表現出死亡這項忌諱。

我將楊桑傳授給我的臺語精髓一一抄在筆記本上。

在臺灣，檳榔曾經是有錢人才吃得起的東西，不知道從什麼時候開始成為勞工之間普及的提神品。然而，檳榔店有很長一段時間被汙名化，有些店面雖然在賣檳榔，後頭卻是賭場或賣春仲介所，掛羊頭賣狗肉，使檳榔店成為傷風敗俗的代名詞，人們往往用異樣的眼光看待。

「小時候因為家裡開檳榔店，所以同學都不來阮厝玩。」

因為有這樣不愉快的回憶，所以楊桑總要孩子們去做自己想做的事，但小孩放學回到家，依然會主動到店裡幫忙。

「到了第三代，會不會想將這間檳榔店變得更現代化一點呢？」

「我從小就看著我爸在店裡勤奮工作，所以一點都不會想改變這家店。」

「那要不要考慮做臺灣第一間宅配檳榔或網路賣檳榔的店呢？」

「我們要好好珍惜到店裡光顧的客人，所以也不會考慮啦！」

有這麼孝順又可靠的兒子們，我想楊桑的檳榔店也會一直在臺南經營下去吧。

認識楊桑一段時間後，我才驚覺自己不知道檳榔店的店名。

「店名就寫在外面的看板上啊！」

◆ 馬路楊檳榔會社
臺南市中西區民族路 3 段 136 號
06-2243092
營業：6:30-1:00

「楊雙冬檳榔」——招牌已經有些老舊，褪色的紅色圓圈內寫著「楊」字，下面則寫著雙冬檳榔，雙冬是位於南投的檳榔盛產地。

或許是日治時代流傳下來的習慣，將圓圈標誌稱為「Maru」，發音近似「馬路」。

這間在臺南街角矗立超過五十年的檳榔店，讓我偶然認識了楊桑，我深深相信這是命中註定的偶然。楊桑一直住在臺南、只知道臺南，我從他身上看到臺南的原貌，透過他認識了臺南，感覺自己因此更了解臺南一點。

楊桑可說代表了拙於言辭、毫不做作且心地善良的臺南人。

對於身兼牙醫師、作家和演員的我，楊桑常把「妳是我的偶像」這句話掛在嘴邊，實在太抬舉我了。

反倒是我非常尊敬楊桑的人生態度，默默在心裡想「你才是我的偶像」。

回日本那天，我本來想向楊桑道別，經過檳榔店時外面正在架設新招牌，卻沒看到他的身影。

也許他正在小睡片刻吧。

「我一定會再來的！」

看著剛掛上去的深紅色嶄新招牌，我在心裡這麼告訴自己。

回到日本不久後，我的臉書收到了一則訊息——沒想到楊桑竟然成立了檳榔店的粉絲專頁「Maru Yang 馬路楊檳榔會社」，也上傳了我拜訪時的照片。

「馬路楊檳榔會社想要向全世界傳遞臺灣的檳榔文化」。

就像我從這間小小的檳榔店踏入臺南般，楊桑也朝著世界邁進了一步。

馬路楊檳榔店的楊桑親切又溫柔，很喜歡照顧人，笑容燦爛的他是我心目中的偶像。

身為安平人的驕傲——烏魚子行家

從大馬路轉進小巷後，原本枯燥乏味的牆面突然搖身一變——幾個素燒陶盆擺在門口，眼前一片綠意盎然，掛在牆上的裝飾有些造型可愛，有些則帶著詭譎氣息，整間店的外觀像陶藝工坊一般，相當獨特。

店門口的招牌很特別，是在一根漂流木下方懸掛著「丸奇號」三個字，且上頭分別標示著日文發音的平假名。

我俯身鑽過半開的鐵捲門，踏入店內，看到一位戴著黑框眼鏡、蓄著短鬍的清瘦男性坐在小木凳上，他臉上漠然的神情，讓我頓時感到有些尷尬，我帶著歉意向這位外表有點像理科宅男的青年表明：「不好意思，我是來看怎麼製作烏魚子的。」

「歹勢，我的國語說得不是很好，所以就用臺語說明。」

這裡的國語是指中文。他的上半身略往前傾，說起話來慢條斯理，我用中文提問，他則用臺語回答。

他正在某種橘色的物體上塗東西，靈活的動作和講話速度似乎有點不搭，讓

「丸奇號」店面。在農曆過年等節日前，買烏魚子的顧客會絡繹不絕。

人印象深刻。一旁的女性身穿薄荷綠的褲子、圍著彩色絲巾、頂著俏麗的鮑伯頭，身材勻稱，像模特兒一樣。她或站或蹲，在狹窄的店裡忙碌的來回走動著。

這間位在安平的丸奇號，是「阿祥」吳天祥和毛貞燕夫婦一同經營的烏魚子專賣店，夫妻兩人一靜一動，恰恰互補。

每年十一月中旬到二月是製作烏魚子的時期，我拜訪的那天是十一月十九號，也就是說從那時開始連續三個月，夫妻兩人都會在店裡同心協力製作烏魚子。

烏魚子是我每次來臺灣時日本的親戚朋友一定會託我買的特產之一，也是我父親最愛吃的食物，所以我從小就很熟悉烏魚子的滋味。

形狀像草鞋、顏色則像黃金糖的烏魚子是怎麼做出來的呢？那獨特的美味究竟從何而來？我每每感到不可思議，在造訪丸奇號之前，也從沒有機會深入了解。

於是我在一旁靜靜的觀察兩人的動作。

烏魚子是一種以鯔魚（又稱烏魚）的卵巢鹽漬後乾燥的水產加工品，加工前的烏魚子比一般市面上看到的更接近膚色，摸起來滑滑嫩嫩。阿祥小心翼翼的將卵巢放進裝滿鹽巴的臉盆裡，像撒麵包粉一樣將鹽巴均勻撒在卵巢上，接著把一

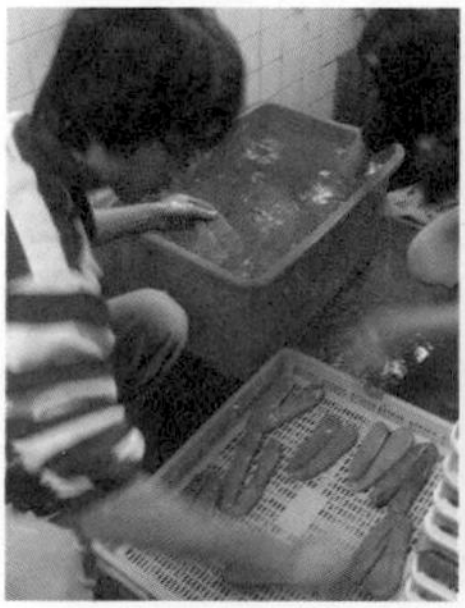

片片鹽漬卵巢整齊排列在一公尺長的木板上，上頭用布和木板相互交疊後以水泥塊重壓。

「這塊木板是檜木，曬日頭時使用檜木的話，木頭的香氣會移到烏魚子上，讓烏魚子更好呷，不過最近用檜木板的店愈來愈少了。」

重壓了幾十分鐘後，再將檜木板上的卵巢放入水槽清洗，貞燕用國語告訴我，卵巢像這樣經過充分的醃漬，就可以去除腥味。

「破掉的所在就用豬腸補。」

阿祥低聲用臺語說明。因為卵巢外層的薄膜在鹽漬或清洗的過程中可能會破掉，這時就要用市場買來的豬腸修補，阿祥的工作就是在清水中將烏魚子洗淨後，逐片檢查是不是有地方破掉。

阿祥一手拿著豬腸皮，一手拿著剪刀，專注的盯著破掉的烏魚子，屏氣凝神的模樣就像要替患者動手術的外科醫生。

他先剪下比破損面積還大上一些的豬腸皮蓋住破掉的地方，用手輕輕按壓，等到乾燥後就會完全黏附，看不出破掉的痕跡。以前的人知道要用豬腸皮修補烏魚子，這項智慧真讓人佩服。

兩人將修補好的烏魚子和其他完好的烏魚子一起搬到屋頂上，一片片整齊排

列在檜木板上；陽光照射下，烏魚子閃閃發亮。

平常不擅長表達喜怒哀樂的我，這時候也忍不住大喊：「都是烏魚子耶，好厲害！」親眼見證卵巢變成烏魚子的過程，就像看著醜小鴨變天鵝一樣令人興奮。

我出神的看著眼前大批的烏魚子，他們兩人則將搬上來的烏魚子熟練的擺好，大約曬個十天就大功告成。但這段期間要看天吃飯，每隔幾小時就得確認水分的蒸發狀況和顏色的變化，一一替烏魚子翻身。

對製作烏魚子的兩個人來說，雙手在冬天必須不斷的碰冷水，反覆進行作業，應該是一年裡最辛苦的時期吧！但貞燕開玩笑的說：「把這些烏魚子看成一枚枚銅板，就會覺得很幸福啦！」說的也是。接著又是一陣爽朗的笑聲。

在臺南安平或高雄沿海捕獲的天然鯔魚所製成的烏魚子，色澤鮮豔、風味俱佳，廣受好評。

專心製作烏魚子的阿祥，外表看起來就像是理科宅男。

直到最近我才知道，烏魚子這項日本人心目中的高級食材，大多是臺南等臺灣南部沿岸製作的。

除了天然的鯔魚，也有進口和養殖的。因為進口鯔魚是冷凍產品，所以香味比不上天然的；而養殖的鯔魚油脂太多，腥味很重，只有天然的鯔魚堪稱色香味俱全。鯔魚在剛捕獲時就必須立即處理，所以價格也很昂貴。近年來由於海水溫度上升以及中國的濫捕，使臺灣沿海的鯔魚捕獲量急遽減少，天然的烏魚子就愈顯貴重。

臺南知名的蝦捲店「周氏蝦捲」，以及以紅蟳米糕出名的「阿霞飯店」都可以單點烏魚子，賣的當然就是臺南出產的天然烏魚子。

周氏蝦捲店裡兩條蝦捲賣五十元，但烏魚子一盤就要價三百元，價格不斐的烏魚子卻擺在普通的塑膠盤上菜。在日本，少少幾片烏魚子就要花上好幾千日圓，而且是在特別的場合才看得到這種高級品，但在臺南充其量只是價位稍高的速食料理，點了就可以立刻上桌。

檜木板上整齊排列的烏魚子在屋頂上做日光浴。

「在安平，手工做烏魚子的我看剩無五家吧！」

穿著橫條紋 T 恤和帆布鞋的阿祥在工作告一段落後，開心的捲著自己要抽的菸，樂在其中。

堅持說臺語的阿祥是土生土長的安平人，少年般的清瘦體格加上木訥的個性，老實說感覺不是很可靠，外表根本看不出來已經超過四十歲了。他和妻子貞燕是在臺南讀高中的時候認識的，貞燕是他的學姐。

就整個臺灣來看，安平這塊土地可說相當特別，三百年前臺灣最早開發的街區就是安平，臺灣歷史也是從這裡開始的。因此，安平人對自己生長在這片土地上可說充滿了驕傲。

阿祥說的臺語帶有濃厚的「安平腔」，對安平以外的臺灣人來說，可能只是某個鄉下地方的臺語而已，但看著阿祥操著一口流利的安平腔時那份自負，彷彿在宣告「我說的才是正港的臺語」。

我想這就是他身為安平人的驕傲。

就像講著一口京都腔的京都人對這座日本古都感到驕傲一樣，能夠熱愛自己出生成長的地方並感到自豪，何嘗不是一件好事？

「烏魚子的做法是誰教你的呢？」

「我家從我爸那一代開始賣魚，我從細漢就在做了，而且烏魚子的做法是古早日本人教臺灣人的，聽說日本的烏魚子較鹹。」

阿祥的父親在市場賣魚，父親過世後魚攤改由阿祥的哥哥接手，阿祥則繼續製作烏魚子。

不只是在日本和臺灣，聽說烏魚子在埃及和義大利等國家也都被當做珍寶。關於烏魚子的起源眾說紛紜，最可靠的說法是古羅馬帝國和中國幾乎在同一時期食用烏魚子。歷史紀錄顯示，臺灣大約在兩百年前從中國泉州傳入烏魚子，又聽說早在荷蘭占領臺灣時就已經在徵收烏魚子稅，但究竟真相為何，實在不得而知。

在《臺灣名產烏魚子的故事》（臺灣水產協會）一書裡，寫到日本製作烏魚子始於約三百年前的長崎縣野母崎一帶，幾乎在同一個時期，臺灣的高雄中州也開始製作烏魚子。

日本的烏魚子吃起來偏硬，味道比較鹹，臺灣的烏魚子則口感柔軟，鹹得恰到好處。這是因為日本人一般認為烏魚子是保存食品，為了放久一點會特別下一番工夫。

因此日本的烏魚子比較像是下酒菜，是喜歡小酌的人不可或缺的小菜，近來則延伸到義大利麵、燉飯或生菜沙拉等料理的烹調上，但在臺灣，主要還是當做吃飯時的配菜。

因為味道不一樣，所以過去日本人曾揶揄臺灣的烏魚子是劣質的「臺灣公」，我總覺得這個詞帶有一點詼諧幽默。只是不知道從什麼時候開始，臺灣的烏魚子反而受到日本人的喜愛，變得很搶手。

「一開始嘛是經過很多試驗和失敗，現在只要一摸就知道好不好呷，不過我要更努力才行。」

擁有研究精神的阿祥一邊吞雲吐霧一邊這麼說。

融合了日本和臺灣的製作方法，阿祥不斷努力改良烏魚子。

抽完一根菸，阿祥和貞燕一起上屋頂，再次逐片察看烏魚子的狀況，確認替烏魚子翻身的時機，夫妻兩人有著絕佳的默契。

褐色、黃色、橘色、暗黑色，就像人的臉蛋，烏魚子的顏色也代表不同的個性。暗黑色的烏魚子是因為鯔魚還活著的時候就受了傷，導致微血管破裂瘀血，像蒙古斑的瘀青則是因為膽汁溢流，阿祥只要看一眼顏色，就知道烏魚子是在什麼狀態下被捕獲、運送到這裡來的，那關愛的眼神就像看著自己的孩子般。

一片片顏色各異的烏魚子。

他甚至光憑指尖的觸感和外觀，就可以分辨出油脂或水分過多的劣質品，立即加以淘汰。

如今為了大量生產烏魚子，用大型電風扇等人工方式風乾的情形跟著變多，畢竟陽光總是不按牌理出牌，即使臺南不常下雨、日照時間也長，但要做出美味的烏魚子，還是得看天公做不做美。

可惜這次沒能吃到烏魚子就離開了。但我對烏魚子的執念愈來愈深，於是在二〇一四年的農曆過年前五天，也就是一月二十六日那天，我再度前往丸奇號。

「請進！」

絡繹不絕的顧客讓貞燕忙得暈頭轉向，但她看到我的瞬間立刻露出笑容。由於快到農曆過年，買烏魚子的老顧客擠滿了店內，貞燕從玻璃櫃裡拿出烏魚子一一說明，如果買回家馬上就要吃，店裡可以幫忙烤。

我巡視了店內一圈，沒看到阿祥的人影，便站在角落稍候。這時有位客人的包包不小心碰倒花盆，花盆在地上摔得四分五裂。

客人不斷的道歉，阿祥不知道從哪裡冒出來，不慌不忙的說：「不要緊，我來處理就好。」一便拿著掃把和畚箕默默的收拾殘局。

他看到我的時候露出了淺淺的微笑。這就是阿祥的作風。

我從日本帶了土產來，是長崎產的烏魚子和生烏魚子，心想可以和臺灣的烏魚子比較看看，所以特地在日本訂購的。

「我帶了日本的烏魚子來。」

我將烏魚子交給阿祥，他就像得到生日禮物的小孩一樣露出燦爛的笑容——他真的很喜歡烏魚子呢！

「可以現在打開嗎？」

他毫不在意店內的忙碌，有點害羞的拆開包裝，把小一號的日本烏魚子放在手掌上聞了聞，接著閉上眼睛，一邊深呼吸，一會兒才慢慢的將吸入的空氣吐出來。

他眼鏡後面的眼神閃閃發亮的盯著長崎的烏魚子，一旁的我都開始覺得不好意思了。

「聞起來很不錯，日本的烏魚子是剛抓到就馬上處理，所以聞起來很鮮，而且鮮豔的顏色也證明了伊的新鮮。」

「這裡蓋的印仔就證明這是古早的手工業。」

「臺灣卡早也賣過生的烏魚子，但是不好呷。這個應該很好呷，我阿爸以前也做過，可惜我還沒學到這項手路他就過世了。我等一下再慢慢呷好了。」

他的快樂是發自內心的，聽著他滔滔不絕的訴說對烏魚子的回憶和理想，連我都感染了這份熱情。

阿祥各烤了一片來比較日本烏魚子和臺灣的不同。

他先試吃一小塊日本烏魚子後再吃臺灣的烏魚子，默默的在口中咀嚼，沉默了半晌後終於開口：「我卡呷意日本的。」

「和臺灣的比起來，日本的烏魚子不會特別加壓塑形，而是長時間醃漬，完整保留魚卵的顆粒，雖然卡鹹，但味道很實在。」

「不過外皮可能塗了油，聞起來有點味道。」

他才吃了一口就能了解這麼多，於是我也各嚐了一口，口感和鹽分多寡正如阿祥所說，至於哪一個比較好吃，我想我還是會投臺灣烏魚子一票，或許是因為我的舌頭已經習慣臺灣烏魚子的味道了吧。

「臺灣人吃烏魚子的時候都切得很大片，而且每個人都吃很多，不像我家一人只有一片。」

能夠這麼痛快的吃烏魚子，真是讓人羨慕啊。沒想到阿祥搖著頭說：「臺灣人的吃法太沒意思了。」依照他的美學，烏魚子正確的吃法應該像日本人那樣切成薄片，再兩三片慢慢品嚐，才能吃出烏魚子真正的美味。

近年來，臺灣為了促進烏魚子的消費量，盡可能減少了鹽分，然而要是達不到鹽漬該有的鹹味，烏魚子就會變得不好吃，所以我不會隨之起舞，不打算主動減少鹽分——阿祥以堅定的語氣強調。

之後他再度帶我到屋頂上，眼前是今年最後一批烏魚子，再過四、五天就大功告成了。

丸奇號販賣烏魚子的期間，是第一批烏魚子曬好後的十一月底到隔年五月左右。夫妻兩人手工製作，做多少就賣多少，買的幾乎都是安平當地的居民和遠道而來的顧客。

當年度的烏魚子賣完了就歇業，拉下鐵捲門，阿祥開始沉浸在燒陶的樂趣中，而貞燕的興趣則是唱歌。

我突然想起第一次拜訪丸奇號的情形，那是臺南吹著初夏微風的六月左右。店面販賣處的鐵捲門緊閉著，一旁擺了張工作用的長桌，好幾個人聚精會神的坐在那裡捏陶土。我心裡很納悶，明明是烏魚子店，卻沒看到任何烏魚子，最後只能掃興的離開，我清楚記得那時白跑一趟的失落感，想必當時在店裡捏陶土的其中一個人就是阿祥吧。

阿祥親手燒製的陶器，別具特色。

烏魚子一旦賣完，剩下的時間都是自己的。

「沒古早心，就沒古早味。」想要做出傳統的味道，就要有一顆傳統的心。原本興沖沖的配合我講國語的阿祥，又開始用臺語聊起天來，聽到熟悉的安平腔，瞬間讓人感到懷念。

離開時，他各拿了一片丸奇號製作的天然烏魚子和養殖烏魚子給我，約好我回到日本試吃後再和他分享心得。

丸奇號的烏魚子是手工製作的真工夫，也是安平人的驕傲，在臺南晴朗的豔陽和舒爽微風環抱下，一片片美味的烏魚子因而誕生。

從店裡到店外都可以看到阿祥親手燒製的陶藝作品，他從二〇一三年開始學陶藝，也曾參與企劃臺南最初的戶外音樂活動——由安平主辦的「南吼音樂季」。阿祥自豪的說：「逐年只要做事三個月，其他時間就會使做自己呷意的代誌。」

身為安平人的他，在工作上堅持製作烏魚子的傳統手法，同時也享受生活中的其他樂趣，這樣的人生態度，正可說是「慢活」的最佳寫照。

◆ 丸奇號

臺南市安平區平生路 67 號
06-2281683
營業：烏魚子產季（11 月到隔年 5 月）7:30-18:00

臺南的家鄉味——虱目魚

每個國家、每塊土地上，都有當地人從小吃到大的家鄉味。對日本人來說是味噌湯，對美國人來說是漢堡，對義大利人來說則是義大利麵。

臺南有很多獨特的食物，種類豐富又美味，其中堪稱臺南家鄉味的，我想非「虱目魚」莫屬。

虱目魚的臺語發音是「Sabahi」，它的外型跟鯖魚、沙丁魚、鱸魚很像，從魚頭到魚尾，包括內臟幾乎都能吃。臺南人會用平底鍋油煎、清蒸、燉煮、油炸等各種烹調方法做出色香味俱全的佳餚。其中最普遍的做法是「虱目魚肚粥」，在鹹粥上豪邁的放上手掌大的虱目魚肚，臺南市有很多以這道料理為招牌的知名餐廳。

在這些店裡通常會看到魄力十足的中文在牆壁上一字排開，大剌剌的寫著「魚頭」、「魚腸」、「魚皮」等菜色。

雖然「虱目魚肚粥」的湯頭飄散著鮮美的海鮮味，但跟我的口

市場裡的虱目魚販。從魚頭、魚尾到內臟，全都成了臺南人的盤中飧。

味其實不太合。

即使沾了醬油和辣椒都還是覺得有腥味，莫非臺南人都吃不出來？我每次都把粥和湯吃完，碗內則剩下虱目魚，跟我同行的臺南友人看了幾乎都會無奈的說：「真是浪費！」接著就幫我吃完。

當我看到周圍的人滿足的吃著虱目魚時，總會納悶自己為什麼感受不到那樣的美味？但每回挑戰都只是更加確定虱目魚和我的口味不合，屢試不爽。反倒是把虱目魚各個部位切碎的「綜合粥」吃起來較沒有腥味，對我來說更容易入口。

在盛行魚塭養殖的臺南，虱目魚的養殖面積和漁獲量是臺灣第一，因為虱目魚很容易不新鮮，所以捕撈上岸就必須立即處理。在臺南市吃到的虱目魚幾乎都是前一晚捕獲、隔天一大早就送到店裡，正因如此，所以在臺北能夠吃到新鮮虱目魚的店並不多。

到臺灣旅行會發現池子很多，這些池子是稱為「魚塭」的養殖魚池。翻開臺南市地圖，沿岸一帶標示四角形記號的就是魚塭，分布相當密集。

為了了解被送到店裡之前的虱目魚是什麼模樣，我在二〇一三年十一月前往了魚塭密布的臺南學甲。那一天臺南難得下起雨來，迎接我的是在食品公司上班的楊展華先生，他笑著說：「能夠在臺南遇到下雨表示妳很幸運。」楊先生的公

整片虱目魚肚豪爽的放在鹹粥上的「虱目魚肚粥」。（拍攝於阿堂鹹粥）

司也養虱目魚，他開車載我到離學甲市區約十分鐘車程的養殖池。

幾座長約五十公尺的方形魚塭並列，一輛大貨車停靠在魚塭旁的走道，旁邊聚集了十個人左右，魚塭內，五個人將下半身浸在水裡，一邊拉著魚網，逐漸縮小範圍，原本平靜的水面忽然出現一陣騷動，一尾、兩尾……愈來愈多虱目魚跳出水面，想要逃離魚網。水花四濺，眼看水面變成白花花一片，無數虱目魚正在魚網內做困獸之鬥。

就在這時，我眼前上演了驚人的一幕──一位大叔拿了一支綁著電線的長竹竿靠近魚網，將竹竿前端輕觸水面幾下，滋滋作響，虱目魚群瞬間一起湧上水面，又突然失去活力，一動也不動了。原來漁民們為了方便捕撈，所以用高壓電讓虱目魚陷入休克狀態，相對於虱目魚的悲情，魚塭內的人則因為穿著橡膠漁夫褲而毫髮無傷。

和虱目魚養在一起的白蝦也是大豐收。魚塭裡還會混著吳郭魚等其他大型魚類，多半是在幼魚時期黏在鳥腳上從其他養殖池帶來的。大部分的魚都會因為剛剛的電擊而休克，漁民們便俐落的伸手抓魚，分別放入不同的竹籠內。

「虱目魚的膽子很小，只要遇到震動或光線就會嚇得跳出水面。」

我在一旁興致勃勃的看著，這時一位大叔遞給我檳榔但我婉拒了。

剛捕獲的新鮮虱目魚，閃閃發亮。

虱目魚魚苗在半年的養殖期間內，有高達九成以上的存活率，是十分適合養殖的魚類，唯一的缺點是怕冷，水溫在十度以下就會暴斃，所以即使在溫暖的臺南，虱目魚的養殖期也只到十二月。

漁民們將剛捕撈上岸的虱目魚一批批放入裝有大量冰塊的巨大塑膠桶裡。

「這些要用貨車載到高雄港。」

不送到臺南而運到高雄，目的是為了出口。近幾年，虱目魚不只供臺灣國內消費，也大量出口到中國。在臺灣的交易價格是一斤（六百公克）三十元，賣給中國的話，保證收購價格是一斤四十元，而且收購量固定，對養殖業者來說是穩定的收入來源。

一直以來，虱目魚的價格完全取決於買家，業者用便宜的價格購買，漁民往往也只能忍痛出售，但現在有了中國這個大客戶，無疑是一大恩惠。

然而讓人驚訝的是，中國的收購其實是專門針對臺灣的措施。儘管原本緊張的兩岸關係如今因為馬英九政權而趨於和緩，但臺灣人對中國的情感卻愈來愈複雜，尤其像臺南這樣的南部地區更是對中國沒有好感，因此後者針對多從事農業與漁業的臺灣南部人口，透過優惠的收購制度來釋放「善意」。

中國的如意算盤果然精明！日本或許也該學著點。

聽說日本業者也曾經為了進口虱目魚而來臺南進行考察，卻因為虱目魚的腹膜是黑色的，覺得賣相不好而作罷。比起滋味好壞，日本人更重視外觀美醜，這一點連我也不得不承認。

楊先生是一九七六年在學甲出生，從小就吃虱目魚長大，卻不是因為喜歡虱目魚才從事這份工作。他先前經營過飲料店、賣過珍珠奶茶等飲品，但因為經濟不景氣而倒閉，所以才換了現在這份工作。

他負責在虱目魚捕撈期間，每天凌晨五點半到魚塭巡視作業進行。臺灣人換工作的頻率比日本人高，說不定下次見面的時候他又轉換跑道了，但我相信他早餐吃虱目魚的習慣永遠不會變。

日治時代的文獻《臺灣水產雜誌》上記載著虱目魚的由來。十七世紀左右，臺灣的養殖業從虱目魚開始。虱目魚的幼魚大批湧入臺灣南部沿海一帶，漁民們將幼魚捕撈上岸後進行養殖。因為這個地區靠海，地下水的鹽分含量高，所以很適合養殖虱目魚這種海水魚。

虱目魚的魚身銀亮，體背側呈灰黑色，體長在五十公分以下，體型則比鯡魚大上一圈。但為什麼虱目魚會被稱為虱目魚呢？

我問了臺南市內魚市場的攤販。

「大家從以前開始就都這麼叫，我也不知道為什麼。」

對方笑著回答，彷彿我問了很奇怪的問題。的確，就像日文的鮭魚為什麼叫做「Shake」、鯉魚為什麼叫做「Koi」，這些我從來沒想過。

現在大家都習慣用臺語稱呼虱目魚「Sabahi」，國語則叫「Shi Mu Yu」。

但名稱由來則眾說紛紜，其中最有趣的說法與開臺英雄鄭成功有關。傳說鄭成功從臺南鹿耳門登陸時，當地民眾向他獻上了最美味的魚。因為實在太好吃了，鄭成功深受感動，便用自己剛學會的臺語問道：「啥米魚？」或許由於發音不正確，周遭的人誤以為鄭成功特別賜名，於是「啥米」就變成了「虱目」（sabah）。

另有一說，指日本人第一次看到虱目魚時，因為外觀長得和「鯖魚」（saba）很像，所以誤把虱目魚稱為「saba 魚」。

此外，因為中國覺得「虱目」這兩個字給人的印象不好，所以取科舉考試第一名的「狀元」一詞，將「虱目魚」改名為「狀元魚」來銷售。

有一次，臺南的朋友積極想幫我克服對虱目魚的恐懼，於是點了直接用炭火沾醬燒烤的烤虱目魚片，外觀看起來和鹽烤鯖魚類似，我也覺得自己說不定可以接受這種烹調法，沒想到結果還是不行。我的虱目魚恐懼症可能比我想像的還要嚴重呢。

每次去臺南玩，熱情的在地人一定會向我推薦虱目魚粥，民宿老闆甚至會特地準備虱目魚粥給我當早餐，其實讓我很困擾。但由此可見，虱目魚粥不只是根植於臺南人生活的料理，更是代表對遠方來客的盛情款待。

為什麼臺南人這麼喜歡虱目魚的味道？也許他們自己也很難說明白吧。同樣的，日本人的餐桌上從小就一定有納豆和醃漬品，但看在外國人眼裡，恐怕也無法理解日本人為什麼喜歡納豆和醃漬品的味道。

或許只能說是熟悉的滋味吧。對臺南人來說，虱目魚就是這樣的家鄉味。

也許我還不適應虱目魚的味道，但將來有一天，說不定我會了解虱目魚的美味，在那之前還需要多加努力。

我看著在店裡專心啃著虱目魚頭的伯伯、在市場挑選虱目魚的大嬸，大家對虱目魚的熱衷超乎我的想像。

雖然虱目魚的美味不在我可以體會的範圍內，但臺南人熱愛虱目魚的文化卻讓我印象深刻。

在臺南留下歷史足跡的日本人

臺灣高鐵的臺南站是進出臺南的玄關，我一抵達車站後就立即驅車直奔市區。車子行進間，突然看到右側出現一座白色宮廷造型的豪華建築物和幾尊羅馬式的大型雕像。

環視四周卻是一大片荒野草地，這樣的景色未免太不協調了。因為擔心引起不必要的好奇心，也害怕捲入複雜的人際關係，所以我通常不會主動跟計程車司機攀談，然而，好奇心可以殺死一隻貓，我終於還是忍不住問道：

「那是什麼？」

「喔，那是即將開幕的奇美博物館。」

臺南有足以代表臺灣的三大企業，分別是經營食品業和7－11連鎖超商的「統一企業」、世界第一的汽車零件供應商「東陽集團」，以及跨足經營石油化學和液晶製造的國際大廠「奇美實業」，而這座奇特的博物館就是出自奇美企業之手。

奇美實業的創辦人許文龍十分喜愛藝術，對小提琴的熱愛更是眾所周知，甚

至收藏了珍貴的史特拉底瓦里名琴。他所收藏的世界各國美術品都陳列在這座白色博物館（正式名稱是「臺南都會公園博物館　奇美博物館新館」）內，目的是在臺南這片土地上向大家傳遞世界各國的文化。

許文龍是有名的親日派，但孤陋寡聞的我之所以知道他的大名，是因為在新營的臺南市政府一樓大廳看到的日本人胸像。

這些人物包括濱野彌四郎、後藤新平、八田與一、鳥居信平、新渡戶稻造等，有的是在臺灣留有功績，有的則是深受臺灣人景仰。聽說這些胸像是許文龍先生出資製作好之後送給臺南市政府的，擺放在空盪盪的市政府角落，營造出不可思議的氣氛，引發了我的好奇心——他們到底是何許人也？

八田與一

這些日本人物當中，我唯一比較熟悉的是八田與一。

近十五年來，出於個人興趣或受到邀約，我從事過舞臺劇、電影、電視劇、旁白、朗讀等許多藝文工作，其中曾有一次是幫動畫配音。

二〇〇八年，動畫片《八田來了！臺灣與水的故事》在日本上映，我應邀為主角八田與一的妻子外代樹配音，還唱了一首日本童謠「枸橘之花」。因為妹

妹是歌手，所以我常被誤會也擁有一副好歌喉，實際上卻是「超級」大音痴。

距今約一百年前的西元一九一〇年，八田與一來到臺灣，建設了當時號稱東洋最大的烏山頭水庫。這部動畫是由動畫製片公司「虫製作公司」發行，目的是為了讓更多日本人和臺灣人知道八田與一的事蹟。

但一問之下我才知道，八田與一的故事在臺灣幾乎家喻戶曉，甚至被列入中小學的教材。

比如小學三年級的社會科教科書裡就有一章〈對家鄉有幫助的人——八田與一〉，文章開頭是：「現在我們只要水龍頭一打開，就有水可用，又有豐富的米糧可食用，應該感謝烏山頭水庫的設計者——八田與一。因為我們嘉南地區的民生用水、工業用水、灌溉用水，皆來自烏山頭水庫。」

橫跨嘉義和臺南的嘉南平原，占地約四千五百平方公里，如今是一望無際、綠油油的農田，很難想像過去是荒蕪之地。

此地夏季多雨、冬季乾燥，氣候相當極端，河川水量總是不夠農田灌溉，當地居民的飲用水也是一大困擾。為了解決這個問題，八田與一率先提出建設水庫的構想。

一九三〇年，耗費十年之久的艱鉅工程終於完工——水路總長一萬六千公里

（華映娛樂提供）

懷抱著四女嘉子的八田外代樹銅像。

的烏山頭水庫落成，滋潤了嘉南平原。長久以來，深受乾旱之苦的嘉南平原一帶於是一躍而成臺灣最大的穀倉，農民終於可以安心過日子了。

烏山頭水庫完工後的一九四二年五月八日，八田與一搭乘的貨船在前往菲律賓途中遭到美軍潛水艦擊沉，不幸罹難。日本戰敗後，他的妻子外代樹留下年幼的孩子，跳進丈夫以畢生心血建造的水庫，結束了生命。因為她沒有留下任何遺書，所以只能單方面想像外代樹當時的心情——或許她選擇自殺，是因為不想離開丈夫念茲在茲的臺灣和烏山頭水庫吧。

二〇一四年一月，我前往參觀烏山頭水庫。在臺灣高鐵的臺南站租了車開上高速公路，約三十分鐘即可抵達。途經「八田路」，接著出現在眼前的是座落在「烏山頭水庫風景區」一隅的水庫。

環視水庫一周，水面上沒有任何漣漪，感覺湖畔周遭的時間像靜止了一般。

在可以眺望整座水庫的地方，豎立著八田與一的銅像，後方則是八田夫婦的墓碑。每年五月八日是八田與一的祭日，當天會有很多臺灣人和日本人聚集在此舉辦追悼會。

二〇一一年，八田與一紀念公園落成。包括他在建設烏山頭水庫時和外代樹與孩子們住的房子，以及當時參與工程的日本人居住過的日式木造宿舍，共修復

眺望著水庫的八田與一銅像。

了四棟建築，並供訪客入內參觀。

要修復百年前的木造建築並不容易，除了採用臺灣檜木，還得使用日本跨海運來的老建材，由日本和臺灣的建築技師同心協力、攜手完成。

走進八田與一曾經住過的家，緩緩穿過幾間純日式的房間後，眼前是天花板突然挑高、讓人聯想到西洋建築的空間——這個後來增建的現代化空間正是八田與一的工作室。

直到現在，八田與一依然影響著很多人。二〇一四年在臺灣上映的電影《KANO》，描寫二戰前的嘉義農林學校代表臺灣出賽打進甲子園、獲得亞軍的故事，電影裡也出現了當時在臺灣相當活躍的八田與一。拜這部電影所賜，到訪紀念公園的人多了很多，八田與一夫妻出生的石川縣金澤市甚至和臺南市簽訂了友好交流協定，致力於促進臺日民間交流。

像八田與一一樣走出日本、在異國完成志業，受到當地人的愛戴和尊敬、名留青史的人還有多少呢？說不定還有很多，只是我尚未發現罷了。

「我們能有現在的生活，都是八田與一的功勞啊！」

我在離烏山頭水庫不遠、以務農為主的後壁地區遇見了很多農村的老人家，他們知道我是日本人後，都異口同聲的這麼對我說。

八田與一在臺南過了大半輩子的人生，他的事蹟也將一代代口耳相傳下去。我佇立在靜止的湖面前傾聽，彷彿聽到了八田與一和外代樹迴盪在這座水庫的笑聲。

濱野彌四郎

在許文龍先生捐贈的十位日本人胸像裡，有個我聽都沒聽過的名字。

他就是建設臺南上下水道設施的衛生工學技師「濱野彌四郎」。

一八六九年出生的濱野彌四郎，二十七歲那年踏上臺灣的土地，之後成為八田與一的上司，兩人一起工作。一八九五年日本剛統治臺灣時，到處流行霍亂、瘧疾和鼠疫等傳染病，即使是總督府所在地臺北，同樣面臨了糟糕的衛生狀況，臺灣人的平均壽命不到四十歲，可以想像當時的環境有多麼惡劣。

濱野彌四郎親眼目睹臺灣的慘況後，想盡了辦法改善衛生環境，他深入偏遠山區調查水源地，著手建設主要都市的上下水道設施。

他居住在臺灣的二十三年間，陸續完成了臺北、基隆、臺中等都市的先進蓄水池和上下水道設備，這在當時是連東京都望塵莫及的設施，離臺前最後負責的則是臺南市山上區的「臺南水道」工程。

一九二二年完工的臺南水道，採用當時最新的快濾式過濾法淨水場，解決了臺南市民飲用水不足的困擾。

臺南水道在一九八二年功成身退，包括當時附設的日本人專用高爾夫球場在內，如今被指定為國家古蹟，於是我決定前往參觀。

沒想到要順利找到目的地卻花了一番工夫。我向臺灣的朋友詢問濱野彌四郎的事情，他們一概不知，即使我告訴計程車司機想去臺南水道，對方也是一頭霧水。

因此我單憑著住址，搭車從臺南市區出發，車程一個小時左右，看到了一條兩旁整齊種著椰子樹的小路，入口處掛著不顯眼的標誌「臺南給水廠山上淨水場」，如果不仔細看可能還會錯過。

沿著小路直駛到盡頭，眼前展開的是超乎想像寬廣的腹地，紅磚建築在盎然綠意的襯托下，與沉靜的淨水場相依偎，美得就像一幅畫。

建築物裡的發電室和快濾池室等都被完整的保存下來，即使不再運轉，看起來依舊生機蓬勃，真是不可思議。

和八田與一一樣，濱野彌四郎在臺灣住了很長一段時間，留下許多功績，儘管臺灣民眾確實受惠於這些設施，但兩人的知名度卻有天壤之別。根據「臺灣嘉

南農田水利會」的鐘美貞小姐表示，當時可以利用水道設施的僅限少數有錢人家，一般民眾的飲用水或洗澡水都還是鑿井取水或是到河邊提水，因此濱野彌四郎建設水道的功績沒有太多人知道，不像八田與一這麼有名。

烏山頭水庫的風景宜人，但以建築物來說，臺南水道更讓人感覺風情萬種。在日本，像京都南禪寺那種巨大的磚紅色水路閣，經常會出現在星期二播出的推理電視劇裡，我心想，臺南水道也很適合當做電視劇的場景呢。

濱野彌四郎把後續的工作交付給八田與一後便回到日本，身為師父的他，要是看到八田與一在臺灣的活躍，應該也會感到十分欣慰吧！

羽鳥又男

如果說八田與一是臺南農民的英雄，那麼對於臺南的都市人來說，他們景仰、尊敬的英雄應該是日治時代臺南市最後一任市長「羽鳥又男」吧。

想要知道羽鳥市長和臺南的淵源，不妨走一趟設有羽鳥市長銅像的赤崁樓。

一六五三年荷蘭人建立了赤崁樓，當時稱為「普羅民遮城」（Provintia），俗稱「紅毛城」。之後鄭成功驅逐荷蘭人，將這裡做為統治臺灣的據點，赤崁樓可說是臺灣歷史上非常重要的建築物，如今則被指定為國家一級古蹟，成為足以代表臺南的觀光景點。

一九四二年四月，羽鳥又男就任臺南市長時，年久失修的赤崁樓因為地震和颱風等天災而面臨了倒塌的危機，當時羽鳥市長不顧二次大戰正打得如火如荼，力排眾議，耗費一年以上的時間和龐大經費，堅持修復赤崁樓。

赤崁樓內展示的石碑〈赤崁樓修復記〉上，「工事發行者」一欄也清楚記載著羽鳥又男的名字。

孔廟的南門路入口旁，還有一座羽鳥市長親手撰寫的「臺南孔廟」石碑。羽鳥市長在保存歷史文物上不遺餘力，不僅修復老舊的孔廟外觀，還呼籲每年九月二十八日的孔子誕辰紀念日要遵循傳統儀式、保存祭典活動。

除了孔廟和赤崁樓，臺南車站北側的開元寺內，還有一口一六九五年臺灣最早鑄造的古銅鐘，也是因為羽鳥市長才得以保存下來。二次大戰末期，由於銅、鐵等金屬嚴重不足，像這類直徑超過一公尺、重達一噸的古鐘，照理說應該是軍用物資的徵收對象，當時甚至已經被運出寺外，然而羽鳥市長一聲令下，派人立即將古鐘送回寺內，才保住了這項珍貴的歷史文物。

日治時代末期，日本政府在臺灣實施皇民化運動，鼓勵臺灣人改姓名、穿和服、說日語，但羽鳥市長卻反其道而行，十分重視臺灣人的歷史遺產和文物，尊

騎馬視察安平（圖右）。

羽鳥市長年輕時的留影，帥氣瀟灑。

重臺灣人的信仰和身分認同。雖然他擔任臺南市長只有短短三年，對於保護臺灣文化財產卻是盡心盡力、貢獻卓越。

羽鳥市長任職期間，每天固定會抽出時間在市區散步，主動和當地居民交流，聽取民眾的聲音。和臺北相比，當時臺南庶民居住的區域衛生環境較差，他還因此舉辦了清潔比賽，迅速改善了環境。

漫步臺南市區，遙想當年受到市民愛戴的羽鳥市長，如果沒有他或許就沒有今天的赤崁樓，甚至也沒有臺南孔廟。

新聞報導指出，二〇〇五年羽鳥市長的三男羽鳥直之拜訪臺南之際，曾和當時的臺南市市長許添財會面，許市長也親自表達了感謝之意。

臺南許多具有代表性的古蹟都因為羽鳥市長的堅持而得以保存，或許日本人也應該以此為傲。

濱田彌兵衛

有一位「了不起的日本人」比八田與一等人更早來到臺南，他的影響力不只遍及臺南，甚至牽動了整個臺灣的歷史。

對於想要知道臺南鄉土歷史的我來說，日治時代發行的《臺南市讀本》是一本很棒的教科書，書中指出最早和臺南產生關聯的日本人，是活躍於四百年前的「濱田彌兵衛」。

為什麼日本會被稱為日本？想必很多人沒有想過這個問題吧。那麼，臺灣又為什麼會被稱為臺灣呢？

臺灣在世界史的舞臺上粉墨登場時，正值十六世紀的大航海時代，在那之前已有原住民和部分漢人在此居住，但當時的臺灣只是太平洋上一座誰都不在乎的小島罷了。

一五四四年，葡萄牙的船隻經過臺灣海面時，看到了被一片蔥鬱翠綠籠罩的臺灣，驚嘆道：「Ilha Formosa!」（美麗之島），葡萄牙語的「Ilha」是指島嶼，「Formosa」則是美麗的意思。

如今在機場的免稅店往往可以看到印有「Formosa」（福爾摩沙）商標的袋子，在臺灣冠上「福爾摩沙」的店名也不少，美麗之島儼然成為臺灣的代名詞。

在日本的戰國時代，日本商館將臺灣北部的雞籠（基隆）與南部的打鼓（高雄）做為停靠港口進行貿易；明朝時，中國人為了區別臺灣和琉球（沖繩），遂稱琉球為大琉球、臺灣為小琉球。

這個時期常常出現「大員」（Tayouan / Taioan）這個稱呼。聽說住在臺南附近的原住民西拉雅族稱外來者或客人為「Taian」或「Tayan」，當他們第一次看到漢族時便稱之為「Taian」，久而久之，發音變成「Taioan」或是「Tayouan」，成為現今「臺灣」稱呼的由來。

一六二四年，荷蘭人占領臺南，命令住在臺灣的外國人與出入的船隻必須繳納一成的貨物輸出稅，為了抵抗荷蘭人的暴政，於是爆發了「濱田彌兵衛事件」，日本人稱之為「大員事件」。

這起事件的主角正是濱田彌兵衛。當時中國人忍氣吞聲配合荷蘭人的要求繳稅，但原本就在臺灣做生意的日本人不服，一六二五年，朱印船船長濱田彌兵衛便堅決拒絕納稅。

他率領一群人突襲荷蘭人在安平建造的要塞——熱蘭遮城（即安平古堡），拘禁了當時駐在臺灣的荷蘭長官彼得·奴易茲（Pieter Nuyts），還將他的兒子帶回日本當人質。這起事件使得日本和荷蘭的貿易一度中斷，最後荷蘭讓步，撤銷納稅要求。

昭和時代，有位日本人和濱田彌兵衛的後代見了面並整理出史料，將當時的突襲場面附上「進攻安平」的插圖，並詳細解說如下：

面對奴易茲傲慢的態度，濱田彌兵衛怒火中燒，大聲喝斥：

「你們竟敢侮辱日本人，今天我就要讓你們好好見識什麼是大和魂，嚐嚐這把日本刀的鋒利吧！」

彌兵衛面對荷蘭人的砲擊毫不畏懼，反而威脅道：「你們要是再進攻，奴易茲的腦袋就不保了！想保他一命的話就給我停火！」

這樣的描述如同舞臺劇一般引人入勝，雖然是很久以前的歷史，卻讓人感覺歷歷在目。

濱田彌兵衛的事蹟經常被解讀為日本人在海外發揮了武士道精神，或是日本人的男子氣概聞名天下，被當做「偉業」般歌功頌德。一九三〇年，熱蘭遮城前設立了「贈從五位濱田彌兵衛武勇之趾」紀念石碑，或許正反映出當時的時代氛圍。

清朝以前，臺灣一直被視為邊陲之地，是所謂的三不管地帶。然而，當大家發現這座蕞爾小島上竟蘊含著豐富的資源後，臺灣反倒成為兵家必爭之地，而上岸的地點往往鎖定臺南安平，許多故事便從這裡展開。

每次和臺南人聊天時，他們總是這麼告訴我：

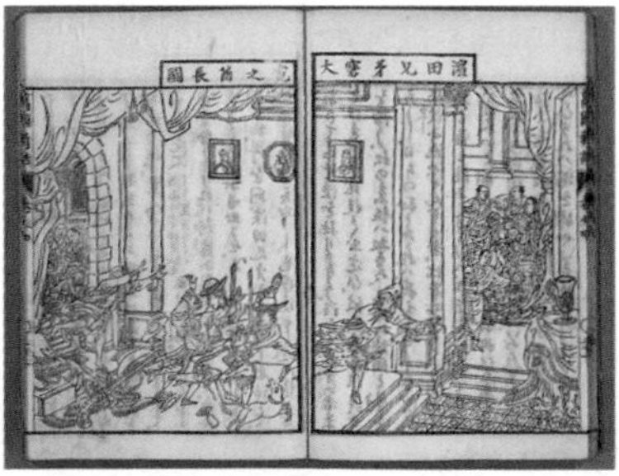

濱田彌兵衛進攻圖。

「想要了解臺灣就必須了解安平，因為臺灣的歷史是從安平開始的。」

濱田彌兵衛的存在是一篇串連了安平和日本的故事，直到現在依舊為人所樂道，要是改編成古裝劇「南方開拓者・濱田彌兵衛」或「怪傑・濱田彌兵衛傳」，說不定會很賣座呢！

移居臺南的個性派日本人

「巷弄裡才是真正的臺南。」

在我開始頻繁的往來臺南後不久，當地人這麼對我說。

這句話說得非常貼切。

側身鑽進狹窄的巷弄，一出來就看到民宅矗立在眼前；漫步在昏黃陰暗、讓人不由得心生恐懼的小巷裡，走著走著就來到高人氣的簡餐店；公共空地上晾曬著私人衣物，當下誤以為闖入了別人家的庭院；傍晚時分在街頭巷尾乘涼的歐吉桑們，看來好不快活！

如果說大馬路上的臺南流露出幾分裝腔作勢的感覺，那麼巷弄裡的臺南則展現出知心好友與至親才能夠感受到的真誠率性的一面。

而民宿「哈木家」便代表了臺南小巷裡的溫情。

二〇一四年，六月的臺南早已籠罩在一片暑氣中。

「民宿的位置有點複雜，如果迷路了，隨時跟我聯絡喔！」去電預約時，老闆再三提醒我。雖然這間民宿離臺南知名的景點赤崁樓只要步行三分鐘，但光憑住址找路，我總在同一個地方不停的繞圈子，正懷疑自己走錯時，總算看到用紅字標明「哈木家」的手寫指示牌，額頭已經滲出汗的我繼續往箭頭所指的方向前進，來到一條死巷子——終於讓我找到了。

「我從來不知道有這樣的地方耶！」陪我一起找路的當地人也嚇了一跳。

「妳好！」

站在門口迎接我的是頂著平頭的單眼皮大叔，外表給人的第一印象感覺不太友善，畢竟大部分的民宿老闆不是個性爽朗的年輕人，就是和藹可親的老爺爺，這位大叔卻大異其趣。在我主動詢問前，他就先自我介紹道：「我是哈木，本名公一，因為『公』這個漢字拆開來就是片假名的『ハム（hamu）』，所以我的綽號就叫哈木。」

哈木的體格壯碩，不開口的話感覺有點兇狠，但他可是很有服務精神的。「一樓是房客共用的空間，裡面的廚房可以自由使用。二樓也有單人房，三樓則是浴室。」「這裡也有腳踏車出租喔！」「這間是我們的房間，雖然有點小啦。」他鉅細靡遺的向我介紹這棟民宿的設備與服務，我的目光卻始終逗留在他左手臂上

的刺青——一幅華麗的龍圖騰。

為什麼是龍的圖騰呢？為什麼他不會說中文卻跑來臺灣？為什麼把民宿開在這麼難找的巷弄裡？為什麼離開日本來到臺南經營民宿？我的腦海裡不禁浮現了好幾個問號，對於哈木的經歷感到相當好奇，但畢竟是初次見面，這些比較私人的問題實在難以啟齒。

二〇一三到二〇一四年間，我不斷往返臺南和東京，明顯感覺到在臺灣興起的臺南觀光潮，也漂洋過海滲透到日本，這樣的變化讓人欣喜不已。二〇一四年七月，臺灣的雜誌《今周刊》做了一篇特別報導〈我愛上臺南，我來自日本〉，採訪了幾位熱愛臺南的日本人。

我也是受訪者之一，在採訪中偶然得知其他受訪的日本人很多都住過「哈木家」或認識老闆哈木。

二〇一三年五月開幕的「哈木家」在每週四晚上七點到十一點會舉辦「語言交換活動」，只要是住在臺南的日本人和想學日文的臺灣人都可以自由參加。一樓的公共空間不到五坪大，聽說最多的時候竟容納了超過三十人，甚至曾經因為人數爆滿，不得已只能站在民宿外面聊天，可見參加者相當踴躍，以二十歲到三十多歲的年輕人居多，其中也有四、五十歲的熱情民眾。

此起彼落的日文和中文，偶爾還交錯著臺語，歡笑聲不絕於耳，營造出融洽的臺日交流空間。

即使平常沒有舉辦「語言交換活動」，哈木家一樣很熱鬧，經常有客人三三兩兩登門拜訪，聚在一起談笑風生。

許多來到臺南的日本人都像陷入漩渦般被吸引到「哈木家」，這裡究竟有什麼樣的魅力呢？我們不妨聽聽他們怎麼說吧！

熱情不分年齡

眼前這位女性，大家都叫她 Meena。她的下垂眼可愛迷人，乍看感覺比我還要年輕，一問之下才知道她已經超過五十歲，兩個兒子也都成年了，讓人相當驚訝。

我第一次聽到她的名字，是在和她見面的一年多前，當時投宿的臺南民宿老闆蔡先生告訴我，有位跳印度舞的日本人 Meena 也住在臺南。但我的腦袋怎樣也無法將「日本」、「印度舞」、「臺南」這三個詞彙兜起來，只依稀記得 Meena 這個名字。

聽說她一次租了半年的哈木家單人房，行李就這麼放著，輕裝往返於日本和臺南，簡直像個女強人。然而，此刻站在我面前的 Meena，卻是說話輕聲細語、舉手投足也相當優雅的女性，完全看不出來她行事這麼豪爽。

俗話說：「人不可貌相。」Meena 在十九歲時對印度舞一見鍾情——女舞者的紅色指尖和鈴噹聲響讓她為之傾倒，於是下定決心學習。印度舞的流派很多，Meena 跳的是印度東部的奧迪西（Odissi）流派，主要流傳在寺廟裡，由女舞者單獨演出兼具高度美感和抒情性的舞蹈，難度相當高。婚後的 Meena 一邊照顧小孩，一邊往返印度學習舞蹈，整整花了十年才成為獨當一面的奧迪西舞蹈家。身材纖細、看來有點柔弱的 Meena，卻擁有如此堅強的毅力，我想這應該是與生俱來的吧。

做為一位舞者，Meena 曾經到尼泊爾、倫敦、中國等地公開演出，在二〇一一年四月第一次到臺北進行公演。由於來臺之前她就透過臉書認識了移居臺南的大洞敦史先生，在大洞的牽線下，決定同年秋天在臺南舉行公演。

所謂的緣分，真是不可思議。在臺南的演出圓滿落幕的同時，Meena 也深深被這裡的風土民情吸引，不久就開始了往返臺日兩地的生活。

Meena 認為經常舉辦藝文活動的臺南是「可以發揮所長的地方」，也是「可以有所開創的空間」，儘管不會說中文，她卻透過藝術跨越語言的隔閡，和臺南的民眾產生更多交流。

「就算世事無常，但臺南有年輕人可以大展身手的舞臺，同時也是年輕人能夠努力追夢的世界。」

也許現在在臺南會跳奧迪西舞的只有Meena一個人，但她希望未來能讓更多臺南人認識印度舞的魅力。

「除了舞蹈，我也在挑戰唱歌呢！」

來到活力十足的臺南，就會讓人鼓起勇氣挑戰新事物。Meena常常在表演活動中現身或擔任醫院義工，高聲唱著日語、臺語和中文歌曲，今後想必也可以看到她在臺南某處展現歌喉和舞蹈，帶給更多人歡笑。

正因為臺南和哈木家對Meena的熱情款待，所以她才能夠安心的在異鄉展翅飛翔、追求自己的夢想吧！

邂逅南國

即使在四季如夏的臺南，冬天寒流來襲時還是得穿著長袖衣物，但這裡卻有位特立獨行的年輕人，不管天氣多冷他都穿著短袖的夏威夷花襯衫、揹著沖繩傳統樂器「三線」，要是在街上遇到這號人物，不用懷疑，他就是移居臺南的日本人之一——大洞敦史先生。深邃的五官加上兩道濃眉及細長的鬢角，他的外表很容易被誤認為沖繩人，事實上，他的血統和沖繩一點關係也沒有，可是道道地地的東京人。當地的臺南人經常開玩笑說他不像日本人，聽在我這種五官不夠立體的人耳裡，也只有羨慕的份。

大洞是個奇怪的人，他異於常人的程度，看在我這個經常被說奇怪的人眼裡，還是有過之而無不及，可說是個不折不扣的怪人。

「說起來，我真是浪費了很多青春時光呢。」他說道。

剛上中學沒多久，他竟然就因為太愛看書、想看更多書而輟學，還獨自一人搬到以舊書店聞名的東京神保町一帶，這樣的做法顯然已經超出一般人的思考模式了。

沒想到他接著一頭栽進了小鋼珠的世界，從十幾歲開始，近六年間天天流連在小鋼珠店裡，甚至成了打遍天下無敵手的小鋼珠達人——或許他真的有這方面的天賦吧。之後，浪子回頭的他再度回到書本的世界，開始接觸法國現代思想，為了追求更高深的學問，進入了他所尊敬的詩人兼比較文學者菅啟次郎教授所在的明治大學理工學系研究所就讀。

一切順利的話，他原本可以到法國留學的，然而有一回，他偶然參加了明治大學和臺灣的政大廣電系合辦的數位創作工作坊，因緣際會下竟就此改變了他的人生。

「我一開始就被這裡的南國氣息吸引，打定主意要定居臺南。」

順從自己的直覺，大洞在研究所畢業後便揹起行囊、移居臺南。

「不選擇臺北或高雄而決定搬到臺南，主要是因為恰到好處的空間感，而且感受得到海洋氣息。」

決定搬到臺南的前一年，他在沖繩的奄美大島聽到了三線的琴聲，深深受到吸引，因此開始學彈三線。後來他在臺南除了當日文老師，也取得街頭藝人執照，哪裡有活動他就騎著機車、揹著三線去表演。

「我明年的目標是開蕎麥麵店！」

對出生在東京調布的大洞而言，故鄉的滋味就是「深大寺蕎麥麵[2]」，在臺南推廣蕎麥麵文化做為和調布之間區域交流的開端，這是多麼有趣的點子！他在日本買了菜刀和木盆等一整套做蕎麥麵的工具，甚至準備了專業的日式工作服。

然而第一次製作的蕎麥麵筋度不夠，不但一下子就斷了還很難吃，但生性認

2 東京調布市的深大寺一帶出產的蕎麥麵，在日本頗負盛名，起源可以追溯到江戶時代。

真、對一切都懷著研究熱情的大洞，即使屢戰屢敗也毫不氣餒，不斷反覆練習。

比起穿著花襯衫彈奏三線，大洞更適合這套日本師傅的工作服，手裡握著大菜刀專注切蕎麥麵的神情顯得魅力十足。

有一次，大洞在他任職的日文補習班舉辦了一項活動，要學生將各自的夢想寫在牌子上，我也參加了。

學生們七嘴八舌的討論後，一一寫下自己的願望——「去日本賞櫻」、「通過日文檢定」、「成為動漫歌手」，教室裡熱鬧滾滾。這時我看到大洞也高舉著牌子，上面寫著「成功開一間蕎麥麵店！」面對未來的目標，他的眼神比誰都還要堅定。

「妳好！」

從機車後座現身的是大洞的女朋友——一位土生土長的臺南女孩，兩人在臺南認識，如今正同心協力積極的朝夢想邁進。

「雖然日本的環境很舒適，但我更想擁抱不同的新世界。」

對天性不願受拘束的大洞來說，或許唯有臺南的兼容並蓄可以接納他所嚮往的自由。我想二〇一五年在臺南某處，一定會出現一間大排長龍的「深大寺大洞蕎麥麵店」吧！

廟宇就像另一半

「講到臺南的廟，應該沒有人比她更了解了吧！」

當我第一次和小森利惠小姐見面時，別人是這麼介紹她的。纖細的身材與短髮，遠看還以為是位少年，一問之下才知道她和我同年，讓我又是一陣驚訝。

和前面介紹的 Meena 一樣，來到臺南的日本女性不知為何看起來都既年輕又有活力。

「我認為今後將會是中文的世界。」

因此小森在大學時選擇了中文當做第二外語，那已經是距今二十年前的事了，我想當時會說中文的人應該比現在少得多。她一開始去了中國，回程偶然在臺灣轉機，她心想：「同樣是華語圈，臺灣和中國卻是截然不同的兩個國家。」從那時起，她就深深愛上了臺灣。

畢業後她先是在日本擔任派遣員工，二〇〇九年來臺進行環島溫泉之旅時到了臺南，喜歡散步的她總是穿梭在臺南的大街小巷，去過數不清的廟宇，深深覺得臺南很有趣。

「一到傍晚，廟裡就會傳來拜拜的聲音，讓人感到心情愉悅。」

在日本，派遣員工的工作性質比較不穩定，加上不喜歡在職場上被當機器般

對待，於是她下定決心搬到臺南。

「想過正常人該過的生活」；「都一樣辛苦的話，我寧願待在自己選擇的地方」。

她在臺南當日文老師，週休一天半，薪水不高，生活也算不上寬裕，即便如此，她也從沒想過要回日本。對她來說，臺南是個不拘小節的地方，讓她能夠輕鬆自在的做自己，享受悠閒舒適的生活。

我瀏覽了小森的臉書，看到她將假日拜訪廟宇的體驗生動的記錄了下來，歷歷在目，充實而愜意。

不同於日治時代才開始積極建設的臺中等城市，臺南所累積的歷史長遠而深厚。

「我想讓更多土生土長的臺南人認識這座古都的美好。」

出門散步時，小森偶爾也會到哈木家串門子，她的願望是成為解說臺南文化的導覽員——相信不久的將來，一定可以透過她的導覽讓更多人體會臺南的魅力。

為愛走天涯

在哈木家出入的眾多日本人中，不乏獨具個人魅力的性格男子，其中我最感興趣的是永井肇先生。

他的眼角微微下垂、感覺很有親和力，體型微胖，有點像可愛的日本吉祥物「熊本熊」（Kumamon），尤其一開口講話，那輕柔溫和的聲調往往能緩和現場的氣氛。

二〇一四年九月移居臺南的永井，先前在東京的大出版社擔任編輯，之後則成為自由編輯——為什麼他會辭掉穩定的工作、決定來到臺南呢？

「因為我對一位臺南女性一見鍾情。」

「什麼？三十七歲的大男人就因為這種理由搬來臺南？」

我不假思索的脫口說出這句內心話，因為他回答得很直接，我實在太意外了。

二〇一二年，永井的人生出現了重大轉折。這一年，他為了犒賞辛苦工作的自己，放了三個月的假到柬埔寨和臺灣旅行。來到臺灣時，他在臺南的夜市遇到了旅居當地的日本人，兩人相談甚歡，便到酒吧小酌一番，沒想到就此開啟了命運之門。

永井對在這間酒吧工作的女性一見鍾情。

回到日本後，他不時透過通訊軟體和那位女性聯絡，無奈杳無回音，正當他打算放棄這段單戀時，對方卻因為想製作電子報而找他商量。

對身為編輯的永井來說，電子報的製作不但難不倒他，還可以讓他和心儀的女性定期保持聯絡，因此他當然開心的主動幫忙。

看不出來那位女性是不是知道永井對她的好感，但她對永井總是巧妙的保持著若即若離的距離。

聽到這裡，我心想他不過是被對方玩弄在手掌心罷了，卻沒有說出口。

二〇一三年十月，永井在對方生日當天來到了臺南，在酒吧裡大唱卡拉ＯＫ，還維妙維肖的模仿了偶像團體AKB48的舞蹈，永井說：「那天她非常開心呢。」但我已經聽不下去了，於是單刀直入的問他：

「你們最後還是沒有在一起對吧？」

聞言，永井沉默了半晌。

「有時候被騙也是一種樂趣啦。」

他面不改色的說，表情始終溫和，臉上還掛著敦厚的笑容。

後來那位女性向永井說：「搬來臺南生活不是很好嗎？」於是他便決定移居

臺南。

接下來必須趕快找到工作和落腳處，但在他身上完全感受不到任何焦慮。對方到底是怎麼想的沒有人知道，也許只是想稍微吊一下日本男人的胃口；也或許是真心想要投入感情，卻因為國籍不同而煩惱。其中的來龍去脈永井本人最清楚，如果他是心甘情願被騙，那麼旁人也沒有任何置喙的餘地。

他們兩人的故事究竟會怎麼發展下去呢？或許現階段誰都沒有答案。只要去哈木家就能遇到永井，我想下次有機會再去關心一下他的感情世界吧。

臺日歷史的牽引

在臺灣，臺南可說是一處相當特別的所在。從荷蘭統治時期開始，經歷了清朝、日治到現代，不管在哪個時代，身為政治和文化發祥地的臺南總是欣欣向榮，因此對臺灣歷史有興趣的人絕對不能忽視臺南。

黑羽夏彥先生就是出於對臺灣歷史的興趣而隻身從日本到臺南留學。

他經營了一個以書評為主的部落格「ものろぎや・そりてえる（monologue / solitary）」，曾在二〇一二年介紹我的著作《我的箱子》日文版，因此我可說是久仰他的大名。

點開他的部落格，可以看到他收藏了歐美、中近東與非洲等地的書籍，囊括美術、歷史、哲學、建築等各個領域，書評內容淺顯易懂，見解亦不失精闢。關於臺灣，他也介紹了幾本相當專業的書籍，涉獵的範圍既深又廣，讓人深深懾服。我暗自猜想，讀書讀到這種境界的人，八成是離群索居、性格乖僻的傢伙吧。

某天他在更新的文章中提到，從二〇一四年春天開始會到臺南成功大學的華語中心留學——真沒想到我會有一窺他廬山真面目的機會。

由於也想謝謝他在網路上介紹我的作品，於是二〇一四年十月，我們約在成功大學附近的咖啡館見面。

他給我的第一印象是非常認真，不是那種為了分數而拚命念書的類型，也不是不知變通的書呆子，正確的說，黑羽就是勤勉好學的一般人。但他究竟如何吸收這麼龐大的知識呢？到現在我還是百思不解，然而對於我的問題，他都能迅

速反應且切中核心，頭腦相當靈活。

「因為想了解臺灣史，所以才選擇歷史底蘊深厚的臺南。」

黑羽對臺灣歷史的關心或許可以說是宿命吧。他的祖父在日本出生，日治時代曾到臺灣當老師，祖母則在臺灣的淡水出生，之後才回到日本，也就是所謂的「灣生」。換句話說，從祖父母那一代開始，他就和臺灣結下了不解之緣。

也許是受到臺日歷史的牽引，他無意間從祖母（二〇一四年逝世）口中聽到許多有關臺灣的事，使他想更進一步認識臺灣。

「不真正住下來的話，就無法感受肌膚的觸感和空氣中的氣息。」

我想是他的血緣冥冥之中帶他來到臺灣的吧！

在科技發達的現今，只要有網路，人人不出門也都能「知天下事」，但讓他甘願辭掉出版社的工作，選擇來臺留學的主要動機，是「想要認識更多在二十世紀被時代洪流擺布的人」。

他最常去的地方是學校附近的圖書館，近來則致力於研究日治時代的臺灣作曲家和聲樂家——當時活躍於日本、中國和臺灣的江文也。

言談舉止都很謙虛的黑羽，個性害羞內向，反觀他在部落格上的評論則非常犀利，很難讓人想到是同一個人。他在臉書上不只發表艱澀的學術文章，也會分享電影和美食心得，或許比起面對面聊天，在提筆或打字的時候，他才更能自由抒發內心的想法吧！

兩年的留學期間結束後他打算繼續待在臺灣。在大眾交通工具不那麼方便的臺南，他不騎腳踏車也不騎機車，都是靠著雙腳過日子，從成功大學走到哈木家至少要三十分鐘，想必讓人揮汗如雨吧。

相信今後他也會繼續以安穩的步調，努力不懈的一步步追尋臺日歷史的足跡。

是起點也是終點

臺南的民宿「哈木家」聚集著形形色色的日本人，包括想開串燒店的年輕人、被公司派來的女性上班族、什麼都保密到家的謎樣歐吉桑、經常到臺南旅行的青春辣妹、經營日式簡餐店的夫妻等。

許多日本人都曾在這裡留下足跡。

為什麼大家都自然而然的聚在哈木家呢？這或許和哈木天生好客又健談的個性有很大的關聯。

就如前面介紹過的，哈木身材壯碩、一雙單眼皮目露兇光，手臂上還有讓人很難不注意的大片刺青，一般人看在眼裡往往避之唯恐不及。但和他聊得愈多，就愈發現他的個性和外表給人的印象完全相反。

一九六八年出生於富山縣的哈木，原本從事和建築有關的工作，二十四歲那年就獨立創業，一直到四十二歲之前都是老闆，真看不出來他曾經那麼風光。然而，在經營公司的十八年間景氣時好時壞，到了二〇一〇年，終於因為營運不善而倒閉。他回想當時倒閉的原因時說道：

「雖然碰到了很多問題，但終究是因為我的能力不夠。」

即使後來事業重新上了軌道，他還是因為倒閉的挫折感和對過往錯誤的反省而陷入了沮喪，在良心的苛責下毅然離開富山，如同人間蒸發般獨自流浪去了。

當時的他什麼也不去想，渾渾噩噩，形同廢人。先是去了沖繩，之後因為想到國外看看，於是就近選擇了臺灣。

「原來臺灣人說的是中文」、「沒想到日本統治過臺灣」等，第一次來到臺灣，一切對他來說都很新鮮，他雀躍的「想在臺灣做點什麼」。

二〇一三年四月，他決定環臺一周，中途來到了臺南。

想起朋友曾經告訴他：「如果你真的想做點什麼事，那最適合的就是開民宿了。」這一番話他牢記在心，於是經營起「哈木家」。

「其實我環島那段期間天氣都很不好，沒想到一到臺南卻突然放晴了。」

或許是在冥冥中被引導到臺南來，他原本陰鬱的心情因此豁然開朗。

即使周遭的人都反對，認為日本遊客不會住在臺南，他仍然執意開了這間民宿。他孤軍奮戰了一個月，後來邂逅了曾在日本留學的臺灣女性Miki，兩人在相識四個月後步入禮堂，他也將Miki的孩子——可愛的Yui——視如己出、百般疼愛，肩負起一家之主的責任。

「在我像廢人一樣迷失在街頭時，是臺灣給了我希望，是臺南給了我立足之地，我心中的感謝說也說不完。」

二〇一四年冬天，哈木家隔壁還要開設另一間民宿「ANNEX」，一樓兼營咖啡館「哈木家咖啡」，擅長DIY的哈木一手包辦室內設計，還計劃要經營露天咖啡館。

或許是因為敢於走出和別人不一樣的路，所以才能感受到不同的生命喜悅吧。

歷經不斷進出少年感化院、血氣方剛的年少時代，哈木手臂上器宇軒昂的龍圖騰，一定也樂見如今脫胎換骨的他。

走過曲折迂迴的人生道路，他最終擁有無比幸福的生活和家庭。也許就是因為「哈木家」有位幸福的哈木，所以不管是在人生旅途中迷路的人，或是想要開拓嶄新人生的人，都自然而然會被吸引到這裡來——而我也是其中之一。

臺南的巷弄裡吹拂著像肌膚般溫熱的暖風，這裡座落了一間非常特別的「哈木家」。我想，只要「哈木家」存在的一天，日本人就會絡繹不絕的造訪臺南吧。

齊聚哈木家的日本人。

第二章

傳承臺南的鄉土情。

北臺南之旅——無米樂與關子嶺溫泉

無米樂

「妳一定要去無米樂喔！」

許多在臺南遇到的人都熱情的向我推薦。

「唔，那是在哪裡啊？」

我隨口一問，沒想到所有人都用不可置信的眼神看著我。

原來，「無米樂」並不是地名，而是指二〇〇五年上映的臺灣紀錄片。這部片的拍攝地點是臺南北部的後壁區菁寮里，內容記錄當地農民樂天知命的生活態度，引起廣大迴響。

無米樂，臺語念做「bo mi lo」，是指即使沒有米還是要快樂過生活。不管是遇到米糧歉收的「歹年冬」，或是受到颱風等天災影響，都要樂觀積極、隨遇而安。

既然沒有米就無法生活，那麼「無米也快樂」到底是怎麼一回事呢？這激起了我強烈的好奇心，於是立刻去訂了這張ＤＶＤ一探究竟。

電影《無米樂》的拍攝地點——菁寮，住在這裡的老爺爺和老奶奶大多會說日語。

我翻開臺南市地圖，找到了菁寮里——大約是半徑五百公尺的小鎮。紀錄片裡採訪了四戶當地的稻農，老伯們一早先向路邊的道教神明「玉皇大帝」拜拜，接著就開始一邊耕種，一邊哼起日本歌謠。

無論風吹、日曬或雨淋，他們都牽著水牛一起下田。一塊田的收穫必須經過育苗、灌溉、插秧、噴灑農藥、施肥、收割等過程，一年四季周而復始，農民幾乎沒有假期可言。但畫面裡流動的是恬靜的農村景色，在大自然環繞下，他們過著簡單樸實的生活，紀錄片裡的老伯們用臺語交談，卻哼唱著日文歌曲：

「嘰嘰喳喳，嘰喳喳，麻雀學校的老師啊～」

這部花了兩年時間拍攝的紀錄片在臺灣造成轟動，菁寮里也因此聲名遠播。

對於沒住過鄉下的我來說農業十分遙遠，小時候如果沒把飯吃完，母親就會生氣的罵我：「你不知道農夫多辛苦嗎！」對於在都市長大的我來說，真的很難想像農夫的辛勞。

我造訪菁寮的時候剛好是冬天，臺南北部放眼望去是一片片褐色的農地，道路兩旁的樹葉也都掉光了，瀰漫著蕭條的氣息。我很少在臺灣其他地方見到類似的風景，這讓我想起之前去中國旅行，車子經過以煤礦聞名的山西省時看到的景象。

因為《無米樂》而一夕成名的菁寮，在種植稻米前，原本其實是以大量栽培染料植物「菁仔」而發達，也因此有了這個地名。等到開始種稻之後，因為地處交通要衝，物資匯集於此，在清朝就發展得相當興盛。然而，日治時代的鐵路舖設使得交通重心移往其他地方，菁寮因此日漸沒落。

現在留在這裡的以老人家居多，且多以務農為主。

我拜訪了紀錄片的主角之一黃崑濱先生的米店，來這裡買米和雜糧的顧客都叫他「崑濱伯」。

黃伯伯用流暢的日語介紹自己出生於「昭和四年（一九二九）十二月十二日」，還滔滔不絕的跟我分享他對農業的看法，坐在一旁的妻子雖然不多話，但當黃伯伯為了招呼其他客人而暫時離開時，她就會帶著靦腆的微笑用日語向我搭話：

「日本時代的教育很好，日本人老師也都很親切。」

夫妻兩人似乎都對日本留下不錯的印象。黃伯伯再度回到座位，繼續用腔調有點奇怪卻讓人備感溫馨的日語對我說：

「我是發自內心感謝日本人的，八田與一建設的水庫改善了農業經濟，不然以前下雨都會淹水，地面變得泥濘，很不方便。」

黃伯伯夫婦過著悠然恬靜的務農生活。

日治時代，日本人把近代農業技術帶來臺灣，收穫量因此大幅提升，而從大陸撤退來臺的國民黨幾乎都是軍人和公務員，缺乏農業專家，所以臺灣人只能憑一己之力持續發展在日治時代學到的技術。包括臺南在內的嘉南平原原本一片荒蕪，有了以八田與一為中心建設的水庫灌溉後，才發展成臺灣最大的穀倉。

「都市實在太複雜，才一天我就待不下去了。鄉下的生活比較單純，單純最好。」

黃伯伯不斷這麼說道。

鎮上只有一間郵局，沒有大醫院，學校也只有小學而已，整體的生活機能確實不太方便，但這裡的居民似乎不以為意。

徒步三十分鐘就可以繞完菁寮一圈，雖然是小鎮，卻有座超過兩百年歷史的清代建築，還有許多古色古香的傳統三合院。紅磚砌成的牆內有家庭菜園，不管走到哪裡都是鄉村的自然風景，時間彷彿停駐在此。來到這裡，我才真正感受到所謂臺灣的鄉間風情。

我在黃伯伯的店裡看到白板上寫了這些字。

「好吃米條件」下寫著「日照、溫度、風、水鮮／選好吃米品種／土壤無汙染」。

好吃米條件
日照溫度風水鮮
好吃米品種
土壤無污染
1/23

總冠軍
六合吉祥

黃伯伯的米曾榮獲「第四屆全國稻米品質競賽」冠軍，他站在寫著斗大的「總冠軍」三個字的匾額前讓我照了張相。

他每天都在日記上用日文寫下務農的情況，即使年逾八十，他依舊熱愛農業、持續鑽研，持之以恆的態度令人動容。

離開時我想跟婆婆握手道別，但她似乎很害羞，遲遲不肯伸出手，最後經不住我的再三拜託，終於和我握了手。她的手掌很厚，而且很溫暖，我第一次知道原來長年務農的手是這樣的觸感，腦海中突然想起沒把飯吃光時，母親斥責我的話。

近來菁寮定期舉辦農業體驗營，提供都市的年輕人親自插秧或收割的機會，我想這也是政府憂心臺灣農業沒落而補助製作的紀錄片《無米樂》所發揮的效果吧。

無論春夏秋冬，不管炎炎烈日或寒風凜冽，只專注於種稻這件事，這是我所沒有的毅力。臨別前，「崑濱伯」夫婦被風霜刻劃出皺紋的臉上露出了燦爛的笑容，為了再次見到他們的笑臉，我正考慮要參加秋天的稻作收割體驗活動。

小小的後壁車站。據說在《無米樂》的風潮帶動下遊客變多了。

關子嶺溫泉

對我來說，最幸福的時光莫過於「泡澡」了。

將身子緩緩浸入熱水的瞬間，身心的疲累和煩惱彷彿就此消散，身體重新湧出了能量。尤其我有「頸椎僵直」的老毛病，一不小心脖子到肩膀一帶就會變得僵硬，要治療這種症狀，最好的方法就是泡溫泉。

小時候和家人或親戚一起旅行時也最常去泡溫泉。因為家住東京，所以經常前往近郊的熱海、箱根和鬼怒川等著名的溫泉勝地，尤其搬到日本後慢慢養成泡澡的習慣，這或許也是我喜歡上溫泉的原因吧。

臺灣和日本同屬溫泉大國，臺灣的面積約和日本九州一樣大，島上有一百處以上的溫泉，包括碳酸氫鈉泉、海底溫泉、冷泉等，種類相當豐富。

在「無米樂」附近有關子嶺溫泉，這裡的泥漿溫泉與日本鹿兒島、義大利西西里島並列世界三大泥漿溫泉，我心想，頂著如此響亮名號的關子嶺溫泉應該是個熱鬧的溫泉區，但實際到訪後，卻被眼前簡樸的景象嚇了一跳。

關子嶺溫泉區位於山腰，主要幹道旁有河川流經，潺潺溪水流過蓊鬱的樹林，不少溫泉旅館林立，感覺有點像栃木縣的鹽原溫泉。

如果以設有旅遊資訊中心的嶺頂公園為中心，往上走可以看到幾座新建的大

日本人帶入了溫泉文化而發展成現今的關子嶺溫泉，至今依舊可以感受到日本的懷舊風景。

型溫泉度假飯店，往下走則是以私人經營的小旅館為主，兩者在住宿設施的性質上壁壘分明。

日治時代，日本人將溫泉文化帶入臺灣、開發臺灣的溫泉地，關子嶺溫泉也是其中之一。這裡最早是原住民部落聚集之處，西元一八九八年，駐紮在這裡的日本軍人發現了溫泉的源頭，因為泉質優良，於是做為受傷軍人的療養所，更與臺北近郊的北投和陽明山溫泉、南部屏東的四重溪溫泉，合稱臺灣四大溫泉。

我到訪關子嶺的第一天晚上住在儷景溫泉會館，一晚要價日幣一萬五千圓以上，房間十分寬敞，跟旅遊書上介紹的一樣豪華。浴室分為一般浴缸和溫泉浴缸，一轉開溫泉專用的水龍頭，灰色泥湯便緩緩流出，我把整個身子泡進浴缸裡，用沉澱在底部的薄薄一層泥漿敷臉，享受最天然的面膜。

這裡的SPA水療池採半露天式，泥漿溫泉搭配紫色的精油噴霧，在夜景的催化下相當有情調。不過按摩浴池和冷泉水廉浴用的是冷水，在冬天的晚上根本不會讓人想泡，此外更衣室是男女共用，地板還有積水，如果以社區泳池的標準來說沒有什麼好抱怨，但若要說這是「高級」SPA則很難讓人信服。

雖然明白業者在經營上的用心，但是在設備和服務上實在有待加強，我在臺灣住過不少度假飯店，卻往往為這類美中不足的地方感到可惜。

第二天晚上，我入住關子嶺地區歷史最悠久的旅館「靜樂館」，聽說溫泉源頭就在附近。一走進旅館，在玄關迎接我的是一對充滿活力的年輕夫妻和一隻拉不拉多犬。

我看到大廳裡有位婦人在看電視，以為是客人，一問之下才知道是旅館的老闆娘月菊，她今年剛滿八十歲，知道我從日本來，就用流利的日語和我交談。

靜樂館的前身是一九〇二年由日本警察吉田岩吉創立的「吉田屋」，據說是關子嶺第一間溫泉旅館，而月菊女士的母親在戰爭結束之前，以當時的三千日圓從吉田手中買下這間旅館，所以才有了現在的靜樂館。

牆上掛著幾幅老照片，其中一幅有幾間舊式平房並列，是關子嶺溫泉以前的黑白照片，旁邊一幅拍的是站在格子木門前的少女，清秀的臉龐上帶著甜美笑容。

「這張是老闆娘您本人嗎？」

「是啊，是很久以前拍的。」

月菊女士靦腆的回答，她的笑容和照片上一模一樣。

她在小學三年級之前受的是日本教育，但升上四年級時因為常常發生空襲而無法繼續上學，日本戰敗之後，學校便全面改為用中文上課。

從日治時代經營到現在的旅館只剩下三間，幸運的是月菊女士的次男夫妻願意繼承靜樂館。

「日本的北海道、東京、富士山、大阪、奈良、四國，我全都去過，也常常去臺北呢。」她說道。

近年來，上方的嶺頂區有許多溫泉飯店進駐，關子嶺變得比以前還要熱鬧，但月菊女士臉色一沉，說道：「可惜這裡什麼都沒有。」或許因為天生嚮往熱鬧的都市吧，但她隨即又展開笑容向我推薦：「不過這裡的溫泉是最好的喔。」

靜樂館的房間很簡單，只有一張床、桌子和電視，衛浴共用，浴缸只能容納一個人，水龍頭則直接連著水管，一晚兩千元，不算奢侈。

水龍頭流出來的泥湯接近八十度，是溫泉源頭才有的高溫。泥漿的濃度和前一晚入住的儷景溫泉會館簡直是天壤之別，源源不絕流出的泥漿濃度之高，甚至讓人擔心如果就這樣排入水溝裡會不會造成阻塞。

我只打開泥漿那一端的水龍頭，讓浴缸裝滿未稀釋的百分之百源泉，等泥漿

日語非常流暢的老闆娘月菊女士（右）。靜樂館的設備簡單，但泥湯很濃（中‧左）。

冷卻到可以泡澡需要一段時間，但能夠像這樣泡溫泉，真是奢侈的享受。住在旅館期間，我從早到晚幾乎就是在浴缸和被褥之間來回。

此外，當地居民還向我推薦距離溫泉源頭最近的「警光山莊」。看到警光山莊的「警」字，就可以知道這是專門提供警察或警眷住宿的設施，不是警政相關人員是無法入住的，但這裡另外也以兩小時為單位供一般民眾泡溫泉。

「這裡的規定是要全裸入浴，沒問題嗎？」

全裸是在日本泡溫泉時最基本的規定，在臺灣被這麼一問，反而讓我有點錯愕。

在臺灣，一般規定泡溫泉要穿泳衣、戴泳帽，因為很多溫泉設施是以泳池型的大浴池為主，所以必須穿著泳衣才能入場，要是沒戴泳帽甚至會被周遭的人制止。因此，臺灣的溫泉區大多會附設泳裝店，讓遊客可以當場購買。

或許是因為臺灣人本來沒有泡澡的習慣，所以對泡溫泉得「袒裎相見」會有所抗拒，但是放眼全球，像日本人這麼徹底一絲不掛的似乎也是少數。

通道兩側分別是男性和女性浴池的入口，門一打開就彷彿走進了當地的交誼廳——泡溫泉的民眾正七嘴八舌、高談闊論。

離溫泉源頭最近的「警光山莊」。

在這裡，毛巾、洗髮乳等盥洗用品都必須自備，約可容納二十人的室內，已經被一群開懷大笑的婆婆媽媽們占據了大半。我驚訝於她們充沛的活力，而且她們居然能神色自若的待在四十六度的溫泉裡，我光泡到膝蓋就已經覺得是極限了。

其中有位阿姨看穿我的掙扎，於是建議我：

「如果妳滿腦子想著燙就泡不下去了，要一口氣泡到肩膀才行。」

她二話不說就把我的肩膀往下壓，我頓時沉入了浴池裡。

「妳看，沒事吧！」阿姨得意的說。

我心想：「才怪！不管再怎麼忍耐還是很燙啊！」卻找不到機會辯駁。

我環視浴池一周，發現有人大剌剌的呈大字型閉目養神，也有人心無旁騖專心滑著手機，還有一些人正閒話家常或談論工作上的事。

其中一行六位阿姨對這裡的溫泉讚不絕口，聽說每個月固定一次從嘉義來泡湯，還自備特別的護膚乳液，不由分說就往我的背上塗。乳液的味道聞起來像巧克力般香甜，觸感滑潤，用清水沖洗之後會覺得皮膚光滑滋潤，但瓶子上沒有任何標示，不知道究竟含有什麼成分。

我想起以前去栃木縣那須溫泉的公共浴場「鹿之湯」時，當一群人舒服的享受著溫泉，突然出現一位像是自助旅行的白人女性，她面露困惑，被當地熱情的婆婆比手劃腳的拉進浴池裡，就跟現在的我一樣。

溫泉區不可或缺的就是土產店和餐廳，但來到關子嶺溫泉，卻沒有讓人期待的土產店，也沒有太多值得推薦的餐廳，倒有幾間山地原住民開的山產店，利用山菜、豬、雞、羊等食材做出一道道當地特色美食。

其中一間是今年七十五歲的吳先生經營的「老街山產美食景觀餐廳」。和藹可親又笑臉迎人的老闆吸引我走進店裡，點了一盤「蜂蛹炒蛋」，但不如想像中美味。原本老闆推薦的招牌菜是用土甕慢火悶燒的甕缸雞，但因為一整隻雞的份量實在太多，所以只好放棄。

此外，關子嶺還有一個觀光景點叫做「水火同源」——從岩壁噴出的天然氣不斷燃燒，火焰旁又有泉水湧出，形成了水火相容的奇景。

後來我走到一間兼營土產和小吃的店舖，門口賣的是看起來很好吃的蜜地瓜。

一位八十歲的老婆婆在顧店，我主動向前攀談。她用流利的日語告訴我，以前有間很大的日本石油公司在附近開鑿油井，當時這裡的人都跑去那邊工作。

三年前她去了一趟新潟，想和當時在石油公司認識的日本人見上一面，對方卻似乎搬走了，最後只能作罷。她重複說了好幾次，我想也許那個人是她的意中人吧，我在一旁聽著都忍不住想幫她完成「尋人任務」了。婆婆可能因為有人聽她說內心話而感到開心吧，我要離開時還特地塞給我一盒剛做好的蜜地瓜。

「那個人現在在做什麼呢？我聽到了流言蜚語～」

耳邊傳來小林幸子的名曲〈思念酒〉，飯店停車場的擴音器或餐廳的收音機經常播放著日本演歌，這在臺灣很普通。來到關子嶺溫泉區，可以看到日語世代的老爺爺、老奶奶生活愜意的模樣，這一帶依然保留很多讓人想起早期日本風情的人事物。

◆ 儷景溫泉會館
臺南市白河區關子嶺 61-5 號
06-6822588
http://reikei.com.tw

◆ 靜樂館
臺南市白河區關子嶺 17 號
06-6822678

◆ 警光山莊
臺南市白河區關子嶺 16 號　06-6822626
入浴時間：8:00-21:00
（清掃時間：12:30-14:00）
http://www.tnpd.gov.tw/mvop

◆ 老街山產美食景觀餐廳
臺南市白河區關子嶺 31-11 號　06-6823369
營業：10:00-21:00
http://066823369.tw.tranews.com

臺灣飲食文化的精髓——辦桌

二〇一三年的賣座電影《總舖師》是我最喜歡的臺灣電影之一。這部電影在同一年獲邀參加東京國際電影展的首映，二〇一四年十一月還在日本全國公開上映，是一部以臺灣本土文化為主題、笑中帶淚的喜劇。

「辦桌」是臺灣傳統飲食文化中不可或缺的一環，而總舖師指的就是一手包辦辦桌的大廚。

「辦桌」是「以盛宴款待賓客」，臺灣人是出了名的熱情好客，除了婚喪喜慶，遇上宗教慶典、公司尾牙、選舉造勢等大型活動時也都會舉辦宴席，邀請親朋好友等共襄盛舉。

日本人的婚宴是親友齊聚飯店、舖設幾張圓桌一起用餐，但臺灣傳統的辦桌規模比這個更大，而且是在戶外烹調和用餐。

辦桌地點通常選在廟前廣場、學校空地甚至馬路旁，雖然不知道事先有沒有申請使用許可，但是在路邊搭起帳篷、架好圓桌、將現做的料理端上桌，現場馬上搖身變成宴席會場。

就像在上野公園裡賞櫻，卻不是鋪藍色的帆布墊坐在地上，而是並排好幾張圓桌一起吃臺菜，如果沒有親眼看到可能無法想像有多麼熱鬧。

聽說這是從中國宋朝開始的風俗，清朝時傳入臺灣，原本是有錢人請大廚到家裡煮一桌豐盛的菜餚來款待客人，日治時代則逐漸普及到鄉村，成為臺灣根深柢固的代表性飲食文化。

《總鋪師》的女主角是號稱臺灣三大總鋪師之一的名廚之女，劇中描寫她一腳踏入總鋪師的世界，想要代替過世的父親重振一家名望的奮鬥歷程。

電影裡最緊張刺激的就是舉辦「辦桌大賽」時，競爭對手不斷端出一道道讓人瞠目結舌的精緻料理——

「雞仔豬肚鱉」是在雞肚裡放入一隻鱉，再將整隻雞塞進豬肚裡。

「菊花筍絲干貝」是用蛋皮包裹蒸好的筍絲和干貝，色澤鮮黃可口。

「換骨通心鰻」則是將鰻魚骨頭取出之後，在裡面塞滿蔬菜。

很多都是我沒看過的料理，別出心裁的手藝叫人垂涎三尺，不過電影裡也出現了像「番茄炒蛋」這種令人懷念的簡單家常菜，害我在戲院裡看這部電影時肚子老是咕嚕咕嚕叫個不停。

我最近才知道，原來這部電影的場景幾乎都在臺南。

有很多廟宇的臺南可說是辦桌文化的中心，每逢神明誕辰時就會舉辦慶典和辦桌，所以我一心期待能在這裡遇到總舖師、大吃辦桌菜，甚至為此去請教熟識的臺南市議員。

因為辦桌會招來人群，人群一聚集議員就會出現，所以關於辦桌的消息，或許直接問議員最快。民進黨市議員郭國文先生聽我述說了原委，不久後就通知我將有一場由臺南市「大灣凌霄寶殿天公廟武龍宮」主辦的大型辦桌。

凌霄寶殿武龍宮的規模很大，當夜幕低垂，金色雕刻在燈光映照下顯得富麗堂皇——臺南的廟宇給人的感覺就是這麼氣派。廣場上擺了數不清的圓桌，和電影裡的場景一模一樣，我就像劉姥姥逛大觀園般止不住內心的雀躍。

阿姨把圓桌都擺好之後，就有阿伯開始擺椅子，大哥搬出一箱箱啤酒，大姐則在臨時舞臺上排練歌舞。

我一面拚命按快門，一面穿過忙碌的人群，搭電梯到廟的頂樓。

呈現在眼前的光景如同電影場景般不真實。

從相機的鏡頭看出去，剛才的圓桌都小了一號，金色桌巾和紅色轉盤的配色簡直就是辦家家酒的擺飾。

這間凌霄寶殿武龍宮位於永康區，祭拜的是玄天上帝（天公），一般來說，

高雄
鼓山

廟的規模取決於信眾的捐款多寡，而這間廟絕對是我看過的臺南廟宇裡數一數二豪華的。廟方在前一天玄天上帝的壽辰時舉辦了盛大的慶典祝壽，今天則是辦桌宴請相關人士和附近居民。

從下午開始就有人陸續張羅晚宴。一桌坐十個人的話，晚上就會有超過一千五百人入場，而且通通免費招待，光是一間廟就可以號召這麼多民眾共襄盛舉，真是讓人大開眼界。

但是，哪裡有能做出一千五百份辦桌菜的總舖師呢？

滾水沸騰的聲音，翻動鍋鏟的聲音，咚咚咚的切菜聲……

伴隨著高聲交談，鍋碗瓢盆的碰撞聲響環繞耳際，附近搭了兩頂大帳篷，我被油炸食物的香氣吸引了，好奇的走進一看，一位戴著白色廚師帽、圍著紅色圍裙的大廚正大展身手。好幾個中式大炒鍋並排在一起，裡面倒滿了油，等到油熱了，豬腳就被一一丟進鍋裡。

「大灣凌霄寶殿天公廟武龍宮」主辦的辦桌。總舖師邵義卿的篷內負責 80 桌，中式大炒鍋一道接一道出菜，提供約 800 人用餐。

大火快炒的聲音轟隆隆的此起彼落，我拿著相機想要靠近一點，鍋裡的油卻毫不留情的噴濺過來；熱騰騰冒著白煙的蒸籠顯然超過我的身高，高度至少有兩公尺；一掀開蓋子，只見一盤盤魚張著嘴巴擠在蒸籠裡，等著被送上餐桌。

「開始上菜！」

「還有二十七分鐘！」

「那邊沒有，用這裡的！」

有著一張圓臉、眼睛些微下垂，感覺很溫和的總舖師邵義卿正一一下達明確的指令，指揮全場。

「今日菜單」——

豬腳炒壽麵　賜喜大拼盤　魚翅燉土雞　清蒸活石斑

米糕雙拼盤　新鮮水果盤　蒜蓉蒸草蝦　陶板燒帶子

黃金薯燉品　精緻冰甜品

粉紅色的紙上寫了十道菜名，菜色則是根據委託人的預算構思，雖然今晚的菜色不是最高檔的，但每一樣看起來都色香味俱全。邵師傅今晚負責近八十桌的料理，所以就在這個帳篷內烹調八百人份的食材。

辦桌這一行並不是每天都會有生意上門。邵師傅在新市區經營虱目魚餐廳，

只有接到辦桌的訂單，才會像今天這樣提供到府外燴服務。

雖然總舖師只是副業，但他的手腳相當俐落，和其他成員也配合得天衣無縫，靠的是全家人經年累月培養出來的默契。

他的六個孩子只要有空就會來幫忙，像今天就動員了四個孩子和女婿。

「這是在我們家煮飯做菜的延長版。」當前置作業告一段落後，邵師傅說道。

我目不轉睛的盯著剛起鍋的豬腳，因為我很愛吃豬腳，富含膠質的部位尤其讓人垂涎欲滴。邵師傅的四女兒似乎注意到我在一旁虎視眈眈，於是用菜刀熟練的切了一大塊給我，這道菜是將豬腳煮軟後油炸，皮酥肉嫩、不油不膩。因為實在太好吃了，所以我厚著臉皮問可不可以再來一塊，她便又笑著切了一塊給我。

接著，我走到另一個帳篷一探究竟，幾位身穿白色廚師服的人似乎都把菜準備好了，正悠閒的站在一旁。

走到帳篷外，我向看起來比較資深的大廚打了聲招呼，他是總舖師劉士誠，從高雄市內門區來這裡辦外燴，也負責八十桌的料理，總共準備了十二道菜。

我原以為兩位總舖師是分別負責同一場辦桌的不同菜色，後來發現其實不然，他們是各自依照委託的桌數構思菜色、準備菜餚。

仔細觀察的話，會發現圓桌上的餐具或椅套有兩種。這是因為辦桌所使用的

玄天上帝誕辰的祝壽辦桌，邀請廟方相關人員及附近居民出席，超過 1500 人共襄盛舉。

烹調用具、帳篷、桌椅等，都是另外向專業的外燴用品店租的，所以每位總舖師用的都不一樣。

臺南農村的習俗原本是民眾各自從家裡帶來烹調用具或餐具，總舖師什麼都不用準備，只要當場展現好手藝就行了。辦桌產業的盛行是一九七〇年代之後的事，提供外燴用品的業者和總舖師配合，形成了今天辦桌包套的模式。

辦桌時也有其他總舖師在場，會不會討厭菜色被比較呢？

「不會啦，平常心就好。」

劉師傅一邊抽著菸，一邊從容的回答。但他的視線偶爾會瞄向隔壁帳篷，即便嘴巴上不說，

但我想他還是會忍不住在意另一位總舖師吧。

劉師傅的出生地——高雄市內門區，聽說是全臺灣總舖師最多的地方，全盛時期有超過一百位總舖師，現在則減半為五十人左右，出生內門的劉師傅，或許也懷有某種身為總舖師的驕傲吧。

這裡瀰漫著專業的緊張氣息，和邵師傅那邊的一團和氣形成強烈對比，我這個局外人也就不好意思要求品嚐菜色了。

接著，兩頂帳篷分別開始利用臺車出菜。

剛剛試吃的「豬腳炒壽麵」也出現在桌上，每個盤子都在轉眼間就被清空了。舞臺上雖然有美豔的歌手唱著臺語歌想帶動氣氛，但大家只顧專心品嚐眼前的佳餚，幾乎沒有人在聽。臺菜果然就是要很多人分著吃才會好吃，我在當下深刻感受到這一點。

之前在臺南街頭散步，經常看到別人店門口有組好的圓桌，當時沒有放在心上，現在才知道原來那是辦桌用的桌子。似乎很多人都會在店裡或家裡自備圓桌，以便隨時可以辦桌。

像臺北這樣的大都市鮮少有大廣場或空地，要封街也不容易，辦桌文化自然日漸沒落。但在廟宇眾多的南部，廟方往往會在舉行慶典時辦桌，因此也就不那麼稀奇了。

二〇〇九年，聽障奧運（四年一度的聽障人士國際運動會）在臺北舉行，閉幕式就是以「辦桌」的方式宴請各國選手，在臺北田徑場上席開三百六十桌，四千人份的料理一字排開，讓全世界嘆為觀止。

俗話說：「吃飯皇帝大」，臺灣人重視飲食，用飲食聯繫人和人之間的感情，從辦桌文化就可以看到臺灣社會的縮影。現在我們吃的臺菜很多都是從辦桌開始，辦桌可說是臺菜的原型，希望今後也能成為代表臺南，甚至代表臺灣的飲食文化，繼續傳承下去。

全臺灣最奇特的祭典

巨大炮台發射出無數沖天炮，直衝著我而來。我戴好全罩式安全帽、穿上長袖長褲，雙手也戴上工作手套，全副武裝，準備迎接蜂炮的洗禮，但蜂炮打在身上的威力仍舊貫穿全身，讓人又痛又麻。

這是全臺灣最危險的祭典——臺南的「鹽水蜂炮」。

鹽水蜂炮的危險性在臺灣眾所皆知，當我告訴朋友自己要參加時，幾乎沒有人贊成，「不小心的話會全身燒傷」、「會耳聾喔」、「萬一眼睛被射到會失明」、「全身都會瘀青喔」，大家不斷警告和阻止我，但我血液裡的叛逆因子反而開始作祟，就是「想見識一下到底有多危險」，在好奇心的驅

往四面八方飛竄的蜂炮。臺灣最危險也最瘋狂的「鹽水蜂炮」，在每年元宵節舉辦。

使下，我開玩笑的跟阻止我去的朋友說：「說不定這是你最後一次看到我完整的臉啦。」說完就出發了。

說到日本最危險的祭典，像大阪「岸和田山車祭」或長野的「御柱祭」都很有名，但那多半都是當地居民參加，外地人在一旁看熱鬧，日本似乎沒有像鹽水蜂炮這樣任誰都可以參加的危險祭典，因此主辦單位才會要求每位參加者都要投保。

鹽水蜂炮在每年的元宵節舉辦，也就是農曆正月十五日，二〇一四年的元宵節剛好是西洋情人節，日本當時還籠罩在巧克力甜膩的氣息裡。

臺南北部的鹽水地區是人口不到兩萬五千人的小鎮，沒有熱門的觀光景點，外地遊客沒事也不會特地前來。唯有在舉辦鹽水蜂炮的這天，從全臺各地湧入的民眾超過三十萬，到凌晨為止，蜂炮聲響不曾間斷，整座小鎮化身為沖天炮四處亂竄的不夜城。

到了傍晚，會場周邊就開始進行交通管制，戴著安全帽的民眾齊聚在路旁，整條街彷彿進入緊急狀態，電視台也開始進行現場轉播，消防車和救護車在多處待命，瀰漫著一觸即發的緊張感。

鹽水蜂炮是什麼樣的祭典？

簡單來講，就是「插滿沖天炮的大型炮台向巡街的神轎發射」。

如果只是這樣或許不會有什麼問題，然而據說被沖天炮射中能夠消災解厄，才導致排山倒海的民眾甘願在蜂炮間穿梭流連。

神轎從市中心的鹽水武廟出發，兵分多路移動，會在門口掛著紅色燈籠的人家短暫停留，紅燈籠是表示這戶人家準備了蜂炮炮台。

炮台點火齊發之前，會先燒金紙和點燃鞭炮來預告蜂炮即將發射，這時參與的民眾要盡量在前面找位子，站定之後就要在蜂炮交錯中奮力前進。

每座炮台都是別出心裁、創意十足的作品，有超過十公尺的大型炮台，也有模仿神明、生肖或動漫人物等造型的炮台，而這次最受矚目的是結合了馬年和總統馬英九的「馬英九炮城」，畫著馬英九被打屁股的諷刺圖案，表達對經濟不景氣和政府的不滿，引發不少話題，不愧是反馬的民進黨支持者居多的臺灣南部。

我站在高度超過十公尺的三段式炮台前，當金紙和鞭炮被點燃、進入準備程序後，緊接著登場的就是重頭戲了。

「安全帽OK，口罩OK，手套OK……」

當我還在一一確認自己的裝備是否齊全，四周的沖天炮就已經開始飛竄了，起初有點溫和，但轉眼間熊熊火光和沖天炮的聲響齊發，我就像陷入槍林彈雨當

中。

「喔！」「噢！」「哇！」

回過神來，我發現自己在蜂炮的團團包圍下，不自覺的發出漫畫的對話框裡才會出現的擬聲語。突然間，我的大腿和小腿一陣劇烈疼痛，好像是被蜂炮的火花直接炸到了，為了不要再被打到，我只得左躲右閃、不斷跳腳。

蜂炮爆炸的聲響震耳欲聾，現場幾乎聽不到其他聲音，四處噴濺的火花則跳到衣服上，灼出坑坑洞洞。

超越極限的興奮體驗會讓人上癮，雖然覺得很可怕，但在克服恐懼的成就感驅使下，我緊跟在神轎旁往下一個目的地移動。我都已經過了四十歲還一副童心未泯的樣子，實在讓人感到有點難為情。

舉辦鹽水蜂炮當天，我還報名了臺南市政府主辦的鹽水蜂炮組裝體驗營，是從早上八點半進行到晚上十點的耐力賽，但參加的人超過一百位，可說相當踴躍。全家大小、親朋好友、同事、情侶、外國人等，大家都呼朋引伴參加，只有我單槍匹馬，說不定別人會覺得我很孤僻吧。

途中，一位臺灣的參加者跑來問我：

蜂炮飛濺出的火花讓民眾陷入異常興奮的狀態，誰都不想離開神轎半步。

「請問妳是一青妙小姐嗎？」

我微笑的點了頭，指了指掛在脖子上的名牌。她表示自己住在臺南市區，讀過我的第一本書《我的箱子》，沒想到我在臺南也有讀者，實在讓人很開心。

上午安排的活動是有解說員導覽的老街觀光行程。鹽水是歷史悠久的古城，清朝時臺灣最繁榮的港口是所謂「一府二鹿三艋舺四月津」，府是指臺南，鹿是指彰化鹿港，艋舺是指臺北萬華，而第四個「月津」指的就是鹽水。鹽水的東邊臨海，建有港口，因為彎曲的海岸線就像上弦月，所以才取名為「月津港」。

到了下午，體育館裡已經架設好十座炮台基座，要十個人一組同心協力在基座上插滿沖天炮，炮台才算完成。

基座高約兩公尺，分為六層，每一層都必須耐心的將沖天炮一支支插上，再捲上引火線，聽說蜂炮要射得又遠又燦爛，四十五度的發射角是最好的。雖然插沖天炮不是什麼難事，但參加的人仍舊神情專注、不發一語的努力完成自己負責的部分。順帶一提，每一層插的沖天炮都固定是一〇八支或一二〇支，因為一〇八代表「萬事如意」，一二〇則代表「健康長壽」，都是很有福氣的數字。

我這一組決定每一層插一〇八支，但數到後來大家都覺得麻煩，結果誰也不知道到底插了幾支。最後，將各自的願望寫在紅紙上捲起來插上去，發射臺就大

包括三太子造型等，炮臺的造型反映出製作者的創意與巧思。此外，臺南市政府也舉辦了蜂炮組裝體驗營，沖天炮的支數是象徵福氣的數字。

功告成了。

我偷瞄了一下大家的願望。

「中樂透。」

「平安。」

「家人身體健康。」

每個人各自寫上對新的一年的殷切期盼，甚至還有「徵求女友」的願望，看樣子許願的內容放諸四海皆準，在哪一國都一樣。

晚上八點過後，我們扛著自己做的發射台前往指定的廣場。要在擁擠的群眾間殺出一條路實在不容易，幾乎要被壓扁的我們在進退兩難之下只得就地站定，開始準備點火。

接下來的重頭戲，就是前面介紹的蜂炮體驗。

即使過了晚上十二點，鹽水大街上的蜂炮聲還是此起彼落響個不停，救護車和消防車的音量也不遑多讓。

全副武裝的打扮比我想像的還要悶熱。

「今年天氣冷，所以還不會覺得痛苦，要是碰上大熱天就會滿身大汗，非常辛苦。」

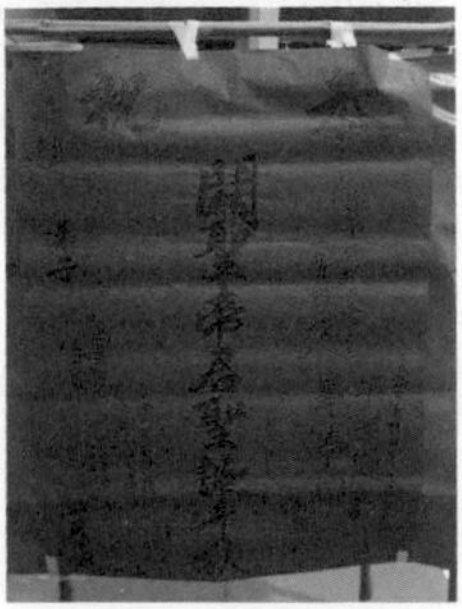

一起製作炮台的曾英君先生這麼告訴我。他是十年來每年都專程從臺中南下參加鹽水蜂炮的高手，雖然裝備輕便，但安全防護做得很確實，從他熟練的動作不難看出已經身經百戰。相形之下，手忙腳亂、提心吊膽的我根本反應過度了。

「愈是辛苦的一年，反而愈讓人印象深刻呢。」

活動結束回到家後，天也亮了。洗澡時，我還被自己可怕的雙腿嚇了一跳——我的腿上布滿一塊塊紫紅與綠色的瘀青，滿目瘡痍的樣子說不定會被誤以為得到什麼怪病。即使如此，明年我還是想再來參加。

只要參加過一次就會上癮，鹽水蜂炮真是臺灣最危險的祭典。

闔家團圓過新年

我在臺南還有一項非體驗不可的事。

那就是「過新年」，也就是迎接農曆新年。

臺灣的新年慶祝的是農曆年，並不是一般行事曆上看到的一月一日，農曆新年大約是每年一月中旬到二月上旬的某一天，每年稍有不同，如果沒有事先確認好過年的時間，會很容易忘記或搞不清楚，有點麻煩。

二〇一四年的農曆過年是一月三十一日，臺灣各地熱熱鬧鬧迎接新年，其中年味最濃的就是臺南，我為了體驗這樣的氣氛而提早來到了這裡。

離過年還有兩個禮拜，但大街小巷已經有很多店家和攤販開始賣年貨了，我走在熱鬧滾滾的「年貨大街」上感受辦年貨的氣氛。除了販賣烏魚子或干貝等乾貨的南北貨店家，也有人在賣春聯、紅包袋等充滿喜氣的應景商品。臺南近來最熱門的年貨街是「新化老街」，車水馬龍的盛況足以媲美東京上野的「阿美橫丁」或臺北知名的「迪化街」。

從臺南市區到新化老街約莫二十分鐘車程，長約五百公尺的道路兩旁還保有一些一九二一年左右興建的日治時代建築，一幢幢雕梁畫棟的巴洛克風格洋房，如今是開業的藥局、診所與米店等。大街上的攤販在路旁搭起一整排攤位，紅白相間的帳篷一字排開，搖身變成行人徒步區。現場還有街頭藝人的表演、樂團演出和抽獎活動等，像廟會一樣熱鬧滾滾。臺南人為了迎接新的一年，興高采烈辦年貨的心情和日本人並沒有兩樣。

不只是新化老街，臺南市區也充滿了濃厚的年節氣氛，市場裡賣的鮮花比平常還要多，路邊的小貨車載滿了一整車當季水果，整座小鎮陷入一片忙碌與雀躍中，連我都被這樣的氣氛感染了。

前面提過臺南的廟很多，廟是祭拜儒教或道教神明的場所，大街小巷裡隨處可見廟宇林立。即便傳統市場等意想不到的地方，也會發現香煙裊裊的廟宇，甚至會和教會比鄰而居。

此外，讓人覺得不可思議的是有些人總會在廟前逗留，看來沒有什麼要緊的事，只是單純閒話家常，或是無所事事的坐在那兒。我幾乎不曾在日本的寺廟或神社前看過類似的景象，或許很久以前日本也是這樣的吧。然而，臺南的廟不只是信仰中心，至今依舊發揮了凝聚社區民眾意識的重要功能。

臺南市的廟宇裡擠滿了過年拜拜的民眾。

崇福宮
佛頭港
玄天上帝
崇福宮管委會恭祝新年快樂
大家恭禧

臺南人的信仰很虔誠，包括王爺、媽祖、月老、註生娘娘、玄天上帝等，廟裡供奉著各式各樣的神明，其中究竟有什麼差別我也不太清楚。和日本的寺廟或神社比起來，臺灣的每一間廟都很花俏且貼近民眾，有的神像甚至會做出滑稽的表情。

農曆十二月二十四日是「送神日」，離過年還剩下一個禮拜，但是對廟方來說，這一天是準備迎接農曆年的特別日子。

顧名思義，送神日就是把神明送回天界。在臺灣的民間信仰裡，掌管天界的玉皇大帝會派遣眾神下凡間傾聽信眾的願望、守護著大家，而這些神明一年會有一度一起返回天界，向「上司」稟告在凡間發生的種種。

為了不讓神明回到天界後向玉皇大帝告狀，信眾會卯足了勁討神明歡心，準備豐盛的三牲四果或唸經誦文，舉辦盛大的儀式將神明送回去，就像一種另類的「款待」。

我特地到安平一間信仰道教的「妙壽宮」參觀送神儀式，聽說這場儀式裡會有「乩童」現身，所以我很久之前就開始期待了。晚上八點一過，便有法師團配合鐘和鼓的音律開始唸誦「咒簿」上的咒文，長達三個小時以上。緊接著，乩童突然登場了，他發出奇怪的呼喊，身體不停顫動，口中唸唸有詞，像是叨唸著一

連串無法理解的咒語，充滿神秘感，讓人心生敬畏。

乩童左手舉著黑旗，右手拿著線香，站在大批信眾前面，在劈哩啪啦的鞭炮聲中手舞足蹈的送走神明，接著關上廟的正門、上封條，整個送神儀式才宣告完成。儀式結束之後，廟方準備了鹹粥免費招待所有參加的信眾，聽說吃了這碗粥，新的一年就會很有福氣。

下一次開廟門是在農曆正月初四晚上，神明會從天界返回，屆時便再舉辦迎神儀式。

這是我第一次親眼看到乩童，因為偶然認識的朋友和這位乩童是同學，輾轉得知對方出生乩童世家，父親好像也是乩童。這位乩童從小學開始就具有特殊體質，上課時會突然失神，直到被老師搖醒才恢復意識。

事實上，我並不相信所謂超能力現象，還對朋友說：「那根本是騙人吧！」但他卻信誓旦旦的說：「當時我也在場，是親眼看到的。」然而我在廟裡看到的乩童不但會自己脫衣服，還會自己扣釦子，不像被神明附身的樣子，即使到現在，我都還懷疑他究竟是不是真的乩童。

在送神儀式裡，有位歐美人士和我一樣興沖沖的東拍西照，我心想他或許是外國記者或觀光客吧，一問之下，才知道他叫 Stephen Flanigan，中文名字是「馮

虔誠恭敬的向神明祈禱的乩童。

思明」，會說非常流利的臺語和中文，在臺南非常有名。他很喜歡臺南，而且對道教文化充滿濃厚興趣，已經住在這裡三年了，他在接受新聞採訪時甚至表示「希望有一天能夠被神明附身，想親身體驗起乩的感覺」。想一想，這個世界上真是無奇不有。

上一次在臺灣過農曆年已經是多久以前的事了？一直到小學畢業之前，我每年都在臺灣過年，如今卻一點印象也沒有。搬到日本後開始過國曆新年，除夕夜裡往往一邊吃著跟平常沒什麼兩樣的晚餐，一邊看NHK電視臺的

在臺南市東區的攝影師蔡宗昇先生家吃年夜飯，85歲的蔡爸爸用日語迎接我。

「紅白歌唱大賽」，當附近的寺廟傳來除夕夜的鐘聲，就和家人一同去廟裡拜拜祈福。

在日本，一般是元旦當天才和家人、親戚聚在一起吃飯，而臺灣則習慣在除夕夜全家人圍爐吃「年夜飯」。

這個農曆年，我很幸運的同時被三位朋友邀請吃年夜飯，高興得不得了，因為每一場邀約都不想錯過，於是我便輪流到這三位朋友家拜訪。這大概是一生僅有一次的體驗吧，回想我年輕的時候，從來也沒有這麼受歡迎過。

蔡家

首先，我來到住在臺南市東區的攝影師蔡宗昇先生的家。

蔡先生和年邁的雙親及妻小住在一起，三代同堂共六個人。而東區位在臺南車站東側，以成功大學為中心，屬於新興市區。

蔡先生的本業是攝影師，此外也經營民宿「屎溝墘客廳」，我和他的相遇就像命運註定的偶然。

當時我翻看著臺南旅遊手冊上介紹的幾間民宿，一眼就被「屎溝墘客廳」的照片吸引了，這是由擁有百年歷史的傳統民宅整修而成的民宿，我立即打電話預

由 1897 年建造的老房子改造而成的「屎溝墘客廳」，建築本身即充滿了故事。

約，卻因為客滿只好作罷。一般來說，對話應該就此結束了，沒想到電話那頭的蔡先生卻熱情的介紹了超過十家臺南民宿給我，甚至幫我一起找。

蔡先生曾留學日本，說得一口流利日語，雖然我認識很多親切的臺灣人，但面對一個素昧平生、突然從國外打電話來訂房的人，能夠幫到這種地步還真是少見。尤其在那之後，我陸陸續續又有很多事情麻煩過他。

此外，讓人驚訝的是他在當地的人脈很廣，我之所以能在人生地不熟的臺南認識這麼多人，一部分就是他居中牽線，和檳榔店的楊桑也是在他的介紹下認識的。不管想認識什麼人、想去什麼地方，只要開口，蔡先生就會滔滔不絕的丟出一串名字和想法，他在朋友之間被稱為「鬼才」，對我來說則比較像哆啦A夢，總是有求必應。

因為是有名的攝影師，我一度以為他是脖子上掛著專業單眼相機四處取景的人，沒想到他最常用來拍照的反而是手機。蔡先生很會開玩笑讓氣氛更融洽，就像電影《男人真命苦》裡放浪不羈的主角寅次郎，往往容易和陌生人打成一片、天南地北的閒聊。聽說很多他拍攝的照片都收錄在臺灣出版的臺南相關書籍裡，有時還真讓人納悶他到底是在什麼時間工作。

「妳來啦，歡迎歡迎！」

蔡先生（左）和檳榔店的楊桑（中）是感情很麻吉的老同學。

一踏入蔡先生家，耳邊就傳來日文的招呼聲。

今年八十五歲的蔡伯伯站在門口迎接我，蔡伯母也會說日文，而且蔡先生的太太同樣曾留學日本，看樣子他們全家的日文都很厲害呢。

到了飯廳，圓桌中央放著臺灣有名的「佛跳牆」，還有米糕、清蒸蝦、煎魚、香腸、烏魚子、炒青菜、蘿蔔糕、滷豬腳等，擺了滿滿一桌，就像小型的宴會。其中，蘋果薄片搭配烏魚子吃起來清爽美味，最讓人耳目一新，和一般烏魚子配白蘿蔔相比，別有一番滋味，可以想成像火腿片加上哈密瓜或無花果那樣，鹹中帶甜，恰到好處。

「這些全都是自己做的嗎？」

「不是啦。」

蔡太太顯得有點難為情，露出了羞怯的微笑。她說這些年菜有一半是和婆婆一起煮的，另一半則是跟賣年菜的朋友買的。依照傳統，每一道年菜都要親自下廚烹調才行，但近幾年，許多臺灣家庭開始選擇全家一起上館子，或事先預訂知名飯店製作的年菜，凡事追求省時省力，顯然是臺灣和日本共同的趨勢。

不過在除夕夜準備豐盛的料理，過年期間慢慢享用，這一點和日本的年節料理有異曲同工之妙，而且全家人聚在一起吃團圓飯的習俗在臺灣依然根深柢固，在日本則愈來愈簡化了。

吃完年夜飯後，蔡伯伯叫住了剛從椅子上起身的蔡先生。

「Noboru，你該戒菸了，檳榔也是。」

蔡先生的名字是「宗昇」，蔡伯伯以「昇」字的日文發音「Noboru」來稱呼他，他有三個姐姐，所以是在殷切期盼下誕生的長男，受到家人百般疼愛。我想在蔡伯伯眼裡，蔡先生永遠都只是個孩子吧。被父親唸了兩句的蔡先生剛好和我對上眼，他面露尷尬的笑容，像個調皮的小孩，吐了吐舌頭便匆匆離開座位。

我本來想開口附和：「他不但是菸不離手的老菸槍，還常常吃檳榔呢。」但是話到嘴邊就又吞了下去，這些事情想必大家心裡有數吧。三代同堂和樂融融的圍著圓桌吃年夜飯，讓我也不禁沉浸在闔家團圓的幸福時光裡。

二〇一四年六月，也就是吃完這頓難忘的年夜飯的四個月之後，蔡伯伯就在全家人的陪伴下安詳的與世長辭了。

陳家

我第二間拜訪的是中西區的陳家，在這裡又被招待了一頓豐盛美味的年夜飯。中西區是臺南市內最早開發的地區，夜晚燈火通明的神農街頗負盛名，國華街和保安路上美味的小吃店比比皆是，海安路的藝術走廊、臺南孔廟等主要觀光景點都集中在這一區，我在臺南的活動據點也在這裡。

這是一間由陳伶伶女士經營的民宿「陳桑」，因為以前住過，所以這次有幸受邀一起吃年夜飯。我和其他家庭成員明明是第一次見面，卻不可思議的感到分外親切和懷念。

很難用筆墨形容我當時的感受，那環繞著整個民宿的氣氛、伶伶爽朗的性格，以及不過分親暱的待客之道，都讓我感到很自在。

我在臺南住過好幾間民宿，其中住最多次的就是「陳桑」。

「我又來了！」

「顏小姐，歡迎歡迎！」

我在臺灣用的是父姓「顏」，所以每次造訪「陳桑」時，都會被這樣稱呼。按照慣例，「陳桑」在過年期間是不接待客人的，今年卻為我破例了。

陳家原本有五姐妹，伶伶是長女，和母親郭采蘭女士、三妹雅幸和五歲的獨生女元陧一起住在民宿後面，她的二妹年輕時因為車禍過世，四妹裕貞和小妹博琳則在臺北工作，遇到農曆過年等連假時就會回來。

對陳家來說，農曆新年是大家一年一度難得聚在一起的特別日子。民宿的大廳擺著以前用的餐桌和長板凳，從二〇一二年民宿開幕後，他們每年都在這裡吃年夜飯。

姐妹四人聚在一起總有聊不完的話題，雖然我的體態算不上纖細，但陳家姐妹的身材都比我更嬌小，看起來就像少女般青春可愛。伶伶一打開話匣子就停不下來，元隄害羞又內向，雅幸的性格嚴謹而強勢，可愛的裕貞和看起來很體貼的老公坐在一起，沉穩的博琳有時講起話來一針見血，後來陳媽媽也入座，場面變得更熱鬧，就在「萬紅叢中一點綠」的情況下開飯了。

陳家的年菜是向臺南的老餐館「阿美飯店」訂的，有烤蝦、蠔油鮑魚、清蒸活魚、鮪魚生魚片、炸魚、炒米粉、炒麵等，甚至還有佛跳牆和帝王蟹火鍋。臺灣人在除夕夜會吃象徵長壽的「芥菜」，又名「長年菜」，而且連芥菜尾也會一起吃掉，就像日本人為了祈福而吃的「年節蕎麥麵」。

不過當晚年菜的配送晚了，讓陳家人有點不高興，這是因為臺南的宅配服務不像日本那麼發達，計程車司機偶爾也會兼差承攬一些配送業務，但如果遇到年節旺季訂單爆增，司機也會忙不過來。雖然如此，一輛輛黃色計程車化身宅配黑貓，從店裡將商品送到各個家庭，這樣的點子還真是新鮮。

餐桌上，大家的話題圍繞在我的第一本書《我的箱子》上。

那時我決定把曾和父母一起生活的房子打掉重建，卻發現了一個收藏著父母的信件和日記的小箱子，喚起了家族記憶，因而寫成《我的箱子》這本散文作品，二〇一三年已經在臺灣翻譯出版。

四妹裕貞在臺北當歷史老師，在我入住民宿「陳桑」之前，她就已經讀過這本書，似乎還因為作者本人出現在民宿而在姐妹間造成話題。

「妳可以跟我分享當初決定把房子打掉重建的心情嗎？」

裕貞冷不防問了我這個問題，或許是因為這間民宿的誕生和《我的箱子》一樣，都是圍繞著老房子而展開的故事。

這間民宿位在神農街的「藥王廟」附近，而藥王廟是臺灣第一座專門祭拜健康和醫藥的神明。

八十歲的郭采蘭女士在這裡出生長大，她告訴我：

「雖然這裡比以前更熱鬧，但附近的街景並沒有太大的改變。」

接著，她便娓娓訴說起陳家的故事。郭女士的婆婆——也就是陳家姐妹的祖母——是「明治三十四年（一九〇一）」出生的陳蔡香菰女士，她的職業是產婆，聽說以前附近鄰居的嬰兒都是她接生的。而祖父陳犇則生於「明治二十五年

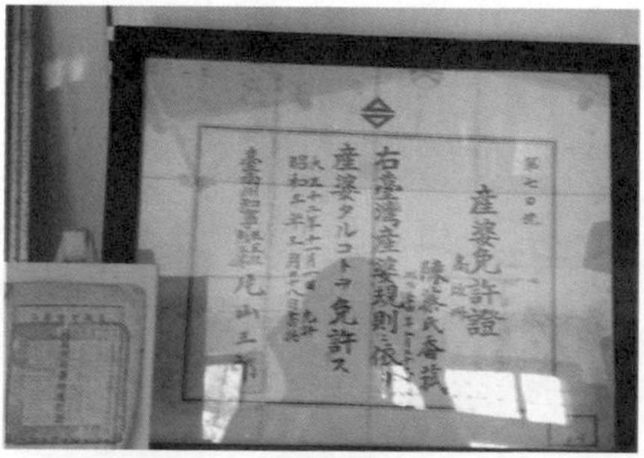

（一八九二）」，後來當了藥劑師，還去過日本。兩人曾經住過的房子，如今搖身一變成為民宿「陳桑」。

陳家姐妹的父親陳成章出生在日治時代的臺灣，在學時主修化學，曾經在京都大學留學七年。姐妹們現在住的家裡，書架上還整齊排列著父親在二〇〇八年去世之前每個月固定從日本訂購的化學月刊和日文教科書。

「我曾經幫我爸爸寫論文喔！」

伶伶笑著說。雖然父親很會讀書，卻不太會寫文章，所以那時候還是高中生的伶伶不只一次幫父親寫過論文。

在大街小巷交錯的臺南市區，騎摩托車是最方便的交通方式，但伶伶的父親不管去哪裡都堅持騎腳踏車，還認為機車危險，所以嚴格禁止女兒們騎機車，依稀讓我看到了一位嚴父溫柔慈祥的一面。

國民黨撤退來臺之後，學校強制學生說中文，姐妹們上課也都學中文，但她們的父親始終堅持用臺語對話，有時候甚至還會假裝聽不懂中文。對她們來說，父親是個頑固的學者，儘管尊敬，卻不是那麼容易親近。伶伶長大後覺得臺南的生活有所侷限，於是在臺北找到工作，毅然離開了臺南。後來她決定再度回到臺南，是在父親罹癌過世前一個半月。

民宿「陳桑」還保有日治時代的歌唱簿。

她的父親生前最掛念的就是已經沒人住的老家，這裡被當做倉庫堆放雜物，收著祖母使用過的木梳子和手拿鏡、日治時代的教科書或歌唱簿、林百貨的包裝紙、全家團圓時使用的桌椅，或姐妹們揹過的背包、玩過的玩具。

民宿「陳桑」，就是將父親心中的掛念化為眼前這棟建築物。

祖母的產婆證上寫有「臺南州知事片山三郎」的字樣，門牌上則刻著祖父陳犇的頭銜「東京藥學士」，父親騎過的腳踏車、姐妹們在襁褓時睡過的搖籃、祖母踩過的縫紉機……民宿裡每一項物品都是無可取代的家族記憶。這樣的懷舊風情和種在中庭的櫻花相互輝映，讓人聯想起以前日本人的房子。原本被棄置一旁的民宅和雜物，因為父親的逝世，一一轉化成對他的思念。

民宿「陳桑」擺放的都是充滿家族回憶的家具和物品，與摩登的現代建築結合，感覺相當舒適。

這棟民宿在改建時盡可能維持了老屋的原貌，再和現代建築結合，形成新舊並存的空間，三間客房麻雀雖小五臟俱全，住起來頗舒適。

我的父親出生於昭和三年（一九二八），是個沉默寡言又頑固的人，在日本的統治下度過了青春時代，所以不會講中文。即使臺灣的官方語言改成了中文，他也不曾主動學習，因此我大概可以想像伶伶口中的父親是什麼模樣。

或許，四妹裕貞是將自己的父親和我在書中描寫的父親形象重疊了吧。即使我和陳家姐妹們的出生地和生長環境都不同，但從第一次見面開始就覺得「親切」，說不定也是基於這個原因。

伶伶說她父親非常喜歡日本，帶著姐妹們一起去過很多地方，像是門司港或嚴島神社等，本來說好二〇〇五年要一起參觀愛知縣的世界博覽會，卻因為父親生病而無法實現。說到這裡，她忍不住語帶哽咽：

「所以我到現在還提不起勇氣去愛知縣或名古屋。」原本只是在一旁默默傾聽的我，這時卻發現自己的淚水忍不住湧上了眼眶。

「我下次去日本時，可以去找妳嗎？」

伶伶一年至少會去一次她最愛的東京迪士尼樂園。二〇一三年十二月，正逢迪士尼樂園三十週年慶，她和女兒元隄一起去東京時，甚至上網查了離我家最近

的車站。她有點不好意思的說，因為擔心突如其來的拜訪會造成我的困擾，所以最後還是作罷。這一家人真的凡事都太客氣了。

吃完年夜飯後，伶伶拿出她偷偷藏著、用臺灣紅包袋裝著的「紅包」。

我上一次拿紅包是多久以前的事了？這實在太突然了，過了四十歲還拿紅包，真是有點難為情。接著，三妹把一塊貼了十個紅包袋的板子拿出來，紅包裡面放了從一到十的數字成語，我選了「六」的紅包袋，打開一看，裡面的紙條寫著「六六大順」，還附上六個一塊錢的銅板。

「六六大順」是祝福一切順利的好兆頭，大家都為我鼓掌。

住在這裡的最後一天，伶伶特地買了舊來發餅舖的黑糖香餅當做伴手禮給我。

微甜而不膩的黑糖香餅是陳家姐妹從小吃到大的老滋味，如今則成了讓我回想起「陳桑」點滴的味道。

民宿的招牌是元隄用毛筆寫的日文「陳さん」，在日光燈的照明下躍然眼前，陳家的樸實與和善彷彿都凝聚在這塊招牌上。

二〇一三年的除夕夜，我成了第一個被陳家邀請一起吃年夜飯的「外人」，

不禁對此感到幾分得意。

楊家

和陳家姐妹吃完年夜飯，我的最後一攤則來到了楊桑的檳榔店。

「妳慢慢來無要緊啦，趕得上十二點就好了。」

見到我急忙趕來的樣子，楊桑這麼對我說。我到的時候已經十點半了，大廳的飯桌上一片杯盤狼藉。畢竟連續吃了兩攤，這時我已經飽到吃不下了，但還是對年夜飯的菜色感到非常好奇，所以有點後悔自己來得太晚。

一如往常，楊桑一邊開著玩笑，手裡不停的包檳榔，但我總覺得今天似乎有點不一樣。

或許是喝了點小酒而有些醉意，楊桑比平常還要多話。這一晚除了四個老同學，妹妹和兒子的同學也齊聚一堂，氣氛相當熱烈。

這個時候，楊桑叫了我一聲「阿妙」。

「阿妙，這個是阮同窗。」

「妳看這張照片，大家卡早體格攏不錯。」

不知道從哪裡翻出了國中畢業紀念冊，大家一邊看著三十幾年前的照片，一邊談笑風生。

檳榔店的對街有一間祭拜玄天上帝的廟。

過了十一點半，廟前開始湧現人潮，十一點五十分，路中央放起了鞭炮，就像日本的除夕鐘聲。廟方把線香一一發放給民眾，我也擠在人群中，拿著香低頭跟大家一起拜拜，口中唸著：

「我是日本來的阿妙，請保佑我今年一年健康平安的度過。」

◆ **屎溝墘客廳**

臺南市中西區信義街 3 號
0931-820552

◆ **陳桑民宿**

臺南市中西區民族路 3 段 151 巷 1-1 號
0922-859768

SARS

第三章

與美味的臺南邂逅。

跟著美食地圖走

來到了「什麼都好吃」的寶島臺灣，提起首屈一指的美食之都，非臺南莫屬。我常常一有機會就來臺南，正是因為可以品嚐到其他地方吃不到的料理。我總是把握在這裡的分分秒秒，甚至覺得「待在旅館休息都是浪費時間」，雖然不至於像「吃倒大阪」那樣為了吃傾家蕩產，但是我每次來到臺南，即使走到腳痠都還是流連於大街小巷的美食當中，捨不得離開。

要介紹臺南的美食，首先得從「小吃」談起。

一般臺灣人對臺南的印象就是「小吃很美味」。臺灣的小吃是指在路邊攤或店舖販賣的簡單方便的中式熟食，聽說起源可以追溯到最早的移民時代。

當時很多人從中國大陸沿岸越過海峽來到這座島嶼，生活非常貧困，尤其清朝政府禁止攜家眷渡航，因此移民到臺灣來的幾乎都是在故鄉無法餬口的單身男性，他們隨便將現有的食材煮來吃，成為現在所稱的臺灣小吃。

說到臺南的早餐絕對不能不提牛肉湯。將稍微涮過的牛肉片沾上生薑和醬油膏食用。（拍攝於石精臼牛肉湯）

活力早餐牛肉湯

俗語說：「早起的鳥兒有蟲吃」。

來到臺南我心甘情願當隻早起的鳥兒，只為了吃一頓豐盛的早餐——因為臺南的早餐種類實在太豐富了。

我想我是很適合四處旅行的人，因為我不會認床，不管到哪裡都睡得著，而且肚子餓了就會自動醒來。對這樣的我來說，從眼睛一睜開到晚上睡覺前，隨時都能吃到讓人心滿意足的三餐——再也沒有比在臺南更幸福的事了。

其中，只有來到臺南才吃得到的早餐，最特別的就屬「牛肉湯」了吧！臺南擁有臺灣最大的牛隻屠宰場，所以牛肉湯在臺南很普遍。

老伯經營的「石精臼牛肉湯」低調的佇立在街角。

貫穿臺南市中心的海安路是觀光客聚集的地方，兩側林立著酒吧、咖啡館、餐廳等，是非常熱鬧的主要幹道，但是在早上卻可以看到不同的光景。

清晨五點左右，冉冉升起的太陽照耀著寬廣的海安路，清新的空氣讓人感覺很舒服。幾乎所有店家的鐵捲門都仍緊閉著，只有「六千牛肉湯」的店門口大排長龍。

店門前的馬路旁架著黃色招牌，藍字寫著「六千」，紅字寫著「牛肉湯」，前面停了很多機車，騎樓下則擺了幾張圓桌，座位幾乎都客滿了。

牛肉湯是在牛骨和蔬菜等一起熬製而成的湯裡，加入當天早上剛處理好的牛肉片，是相當簡單的一道料理。感覺有點像日本的涮涮鍋，最大的不同在於食材

一大早就人聲鼎沸的「六千牛肉湯」，厚實的肉片很受男性顧客歡迎。

只有牛肉而已，而且是和湯一起吃。每一家店使用的牛肉部位和厚度都不一樣，湯頭的熬製也是各有各的秘方。

比起別的店，六千牛肉湯的肉片比較厚，湯也比較大碗，口味偏清淡。客群以學生為主，尤以男性顧客居多。

一手端著白飯，將湯裡帶點血色的牛肉片沾上略甜的薑絲醬油膏後送入嘴裡，接著喝口湯，這是一般牛肉湯的吃法。我心裡一面納悶著「一大早就吃牛肉嗎？」卻不曾停下手邊的筷子，吃個不停。

當然，其他還有很多店家可

追求安心的好滋味，不妨嚐嚐這家「阿村第二代牛肉湯」。

以選擇。包括赤崁樓附近的「石精臼牛肉湯」、保安路的「阿村第二代牛肉湯」、康樂街的「康樂街牛肉湯」、東門圓環的「阿億牛肉城」，以及臺南車站東側成功大學附近的「長榮牛肉湯」，都很值得推薦。

石精臼牛肉湯是一位老伯經營的，似乎是當地人經常光顧的老店，牛肉吃起來扎實有嚼勁；康樂街牛肉湯也是當地民眾經常光顧、口味道地的店家；阿村第二代牛肉湯在味道和份量上拿捏得恰到好處；而阿億牛肉城除了牛肉湯，菜單上還有牛肉麵和現炒牛肉等牛肉料理，種類相當豐富。

東門圓環的「阿億牛肉城」菜色相當豐富（右）。

至於長榮牛肉湯最吸引我注意的，是在店頭煮牛肉湯的老闆娘。我在冬天造訪這家店的時候，老闆娘化了淡妝、穿著靴子，還搭配亮眼的毛衣，看起來很時髦，就像服飾店裡光鮮亮麗的店員，但她親手熬煮的牛肉湯也毫不遜色，帶著甜味的湯頭加上入口即化的牛肉，吃得到真材實料。因為比較小碗，所以我總是會再來一碗。

有些店家也會提供牛肉湯以外的牛肉料理。（拍攝於長榮牛肉湯）

◆ **阿億牛肉城**
臺南市中西區民權路 1 段 1-3 號（東門圓環）
06-2244884
營業：17:00-2:30　店休：星期一

◆ **阿村第二代牛肉湯**
臺南市中西區保安路 41 號
06-2293908 / 0915-200738
營業：4:00-10:00（賣完為止）
18:00-（賣完為止）
店休：星期一晚上、星期二上午

◆ **康樂街牛肉湯**
臺南市中西區康樂街 325 號
06-2270579
營業：4:30-13:30 / 16:30-1:30　店休：星期二

◆ **六千牛肉湯**
臺南市中西區海安路 1 段 63 號
06-2227603
營業：5:00-（賣完為止）　店休：星期二

◆ **石精臼牛肉湯**
臺南市中西區民族路 2 段 246 號
06-2232266　營業：17:00-23:00 / 1:30-11:00
店休：星期二

◆ **長榮牛肉湯**
臺南市東區長榮路 2 段 88 號
06-2754190　營業：4:30-10:30
店休：星期二

「長榮牛肉湯」不只風味獨特，老闆娘的打扮也深具魅力。

虱目魚粥

如果說臺南早餐的肉類代表是牛肉湯，那麼海鮮類的代表就是虱目魚粥了。在這裡通稱「鹹粥」，說穿了就是帶著鹹味的粥，在臺南要是提到鹹粥，多半是指虱目魚粥，而虱目魚則是臺南特產的養殖魚。

斗大的招牌寫著「阿堂鹹粥」，是臺南特色早餐虱目魚粥的名店。

從剛剛提到的海安路再往東過去一些，就會看到白色看板上寫著「阿堂鹹粥」四個斗大的黑字，讓人一眼就能認出這家店。

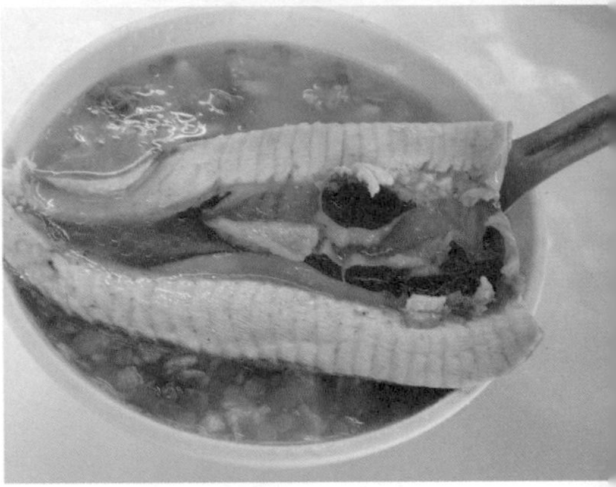

和牛肉一樣，臺南特產的虱目魚好吃的關鍵在於新鮮度。天還沒亮，這間像是家族經營的小吃店就開始處理起剛從養殖池送過來的虱目魚。

這裡說的「粥」，並不是日本那種單純以米飯為主的清粥，而是放了很多配料的鹹粥，而且米粒吃起來顆顆分明。我二話不說點了招牌的「魚肚鹹粥」，上面放的魚肚大到快從碗裡滿出來了。因為虱目魚的魚刺多，所以很多人不喜歡，但是這裡的虱目魚全將魚刺處理好了，吃起來就像油脂肥美的鯖魚，口感Q彈，而且含有豐富的膠原蛋白。許多在地人一大早起床就會來店裡報到，每個人都吃得津津有味。

吃完魚肚鹹粥還覺得不過癮嗎？如果吃得下，不妨再來一碗加了土魠魚和鮮蚵的「綜合鹹粥」，粥裡有許多切成薄片的配料，吃起來很方便，和日本的茶泡飯有異曲同工之妙，讓人一下子就稀哩呼嚕吃個精光。

另一間有名的虱目魚粥專賣店，是位在公園南路上的「阿憨鹹粥」。

賣粥的店家大多是從清晨營業到中午，但是這裡則開到晚上十點，所以早上沒吃到不必扼腕，晚上睡前要是突然想來碗鹹粥，也可以來這裡吃消夜。而且地點就在大馬路上的交叉口，不用怕沒有位子，聽說之前選舉的時候很多議員會來這裡吃鹹粥，可說相當有名。

此外，位於大勇街和大智街交叉口附近的「無名鹹粥」，是當地人才知道的「隱藏版」名店，這裡的虱目魚粥在味道和份量上都拿捏得很好，價格也平易近人。

我每次都在牛肉湯與虱目魚粥之間猶豫不決，但其實這兩種小吃都是臺南人的特色早餐，份量不大，很適合剛起床不久後食用，溫熱的湯汁和粥品有暖胃的效果。機會難得，如果來到臺南，不妨早點起床，兩種都吃吃看。

沒有招牌的「無名鹹粥」，口味好、份量夠，價格也很平易近人。

◆ 阿堂鹹粥
臺南市中西區西門路 1 段 728 號
06-2132572
營業：5:00-12:00（賣完為止）
店休：星期二

◆ 阿憨鹹粥
臺南市北區公園南路 169 號
06-2218699
營業：6:15-22:00　店休：不定期

◆ 無名鹹粥
臺南市中西區大勇街 83 號
營業：5:00-13:00

「阿憨鹹粥」營業到晚上 10 點，非常方便，很適合當消夜。

肉圓．魚焿

國華街堪稱一條美食巷弄，聚集了很多在地人都捧場的小吃店。

在國華街和保安路的交叉口附近有一家「茂雄蝦仁肉圓」。說到肉圓，彰化肉圓其實比臺南的更有名，但彰化肉圓是用油炸的，外皮以地瓜粉製作，內餡則使用絞肉和竹筍丁等食材；而臺南肉圓是以清蒸的方式調理，外皮用「蓬萊米粉」做成，內餡則多以蝦仁為主。

掀開蒸籠蓋，蒸氣迎面撲來，一瞬間又散逸在空氣中，映入眼簾的是一顆顆整齊排列在蒸籠裡、

「茂雄蝦仁肉圓」的外皮是用蓬萊米製成，吃起來爽口不油膩。

狀似水餃的蝦仁肉圓，十分壯觀。

碗內放了三顆肉圓，依稀可以從半透明的外皮看到裡頭粉紅色的蝦肉，口感則介於蒸餃和水餃之間，淋在上面的醬汁是用熬煮蝦子的湯頭特製而成，看起來口味很重，吃起來卻帶了些清爽的風味。

茂雄蝦仁肉圓的斜對面是有名的「阿鳳浮水虱目魚焿」。虱目魚焿是以虱目魚漿為主，再加入其他食材捏製而成，至於為何會以浮水稱呼？我想是因為魚焿會浮在清澈的湯裡吧。湯裡面還摻了一些地瓜粉，所以吃起來有點甜。

「阿鳳浮水虱目魚焿」是在湯裡放入魚漿製成的魚焿。

小卷米粉

因為電影《臥虎藏龍》和《色．戒》而享譽國際的臺灣導演李安，是在臺南出生、吃著臺南小吃長大的，聽說他特別喜歡的家鄉味就是「小卷米粉」。

這裡的小卷屬於北魷，使用的米粉也並非一般常見的細長米粉，而是耐煮的粗米粉，感覺像是比較粗的稻庭烏龍麵。

將小卷和米粉放入湯裡，就成了小卷米粉這道簡單的料理。

臺南有名的小卷米粉店有三家，其中「邱家小卷米粉」和「葉家小卷米粉」位在國華街，「施家小卷米粉」則在中華西路上。

每一家店門口都放了一口大鍋，鍋裡是用小火慢煮的米粉湯，一旁的篩網上放著川燙到七分熟的小卷，只要客人一點餐就把小卷舀入碗內，再倒進米粉湯就完成了。從點餐到上桌不超過三十秒，比日本的吉野家還要快，讓我嚇了一大跳。

據說小卷米粉最早可以追溯到日治時代，名為葉國的人在號稱臺南廚房的西市場開了一家小卷米粉店，後來因為沒有人繼承

「邱家小卷米粉」是小卷米粉的名店之一。

而歇業。當時在廚房工作的施武雄於是另開了一家「施家小卷米粉」，而「邱家小卷米粉」是葉國的弟子所開的店，至於「葉家小卷米粉」則是葉國的家族所經營，總之大家都是傳承自同一位師傅。但實際上吃過一遍，就會發現每一家的口味和米粉的口感都不一樣，各有千秋，很難說哪一家占上風。如果以米粉的粗細來排列，從粗到細分別是施家、邱家、葉家，我個人的喜好也是照這樣排，而在份量上則是邱家取勝。雖然施家的位置離鬧區有段距離，但絕對值得走一趟。

「葉家小卷米粉」內可以看到一大鍋快滿出來的米粉。

「施家小卷米粉」位於中華西路，我建議兩家都品嚐一下，比較看看。

春捲．碗粿．割包

臺南的小吃店幾乎都是家族經營，基本上只用一種招牌菜來決勝負，而且對自家的生意相當有自信，通常一賣完就拉下鐵門收攤，因此每逢顧客比較多的週末，很多店家幾乎都傍晚就打烊了。

國華街和民族路的交叉口一

包了十多種配料的臺式春捲「潤餅捲」。

帶，聚集了「金得春捲」、「富盛號碗粿」、「阿松割包」等美食名店，每一家店門口都是大排長龍，所以路過時一眼就可以認出來。

金得春捲賣的並非大家腦海中浮現的油炸春捲，而是有「潤餅捲」別稱的臺式生春捲，老闆節奏感十足的將擺在店頭的高麗菜、蛋絲、蝦仁、豆芽菜等十多種配料舖在餅皮上，豪邁的撒上花生粉和細砂糖之後捲起來。一條三十元的春捲餡料豐富，還有細砂糖的甜味提襯，份量十足，吃完會有飽足感。

而碗粿是將蓬萊米磨成漿，再放入肉燥、蝦米等數種配料後蒸熟的小吃，據說這道臺南特產幾百年前就有了，至於名稱的由來，可能單純是因為放入碗內後蒸熟，所以才被稱為「碗粿」吧。碗粿本身的味道很簡單，淋上帶點甜味的醬油膏和蒜泥用竹籤切著吃，搭配加了很多薑絲的魚焿湯，一口碗粿一口湯，吃起來相當清爽。

而阿松割包就像開口笑的饅頭，在中間夾入煮得軟爛的豬舌或是其他部位的豬肉，再加上鹹菜、淋上芝麻醬，是一道非常簡樸的小吃，也被稱為中華漢堡。

傳統上，臺灣人會在尾牙時

「富盛號碗粿」賣的是幾百年前就有的臺南特產「碗粿」。

總是大排長龍的中華漢堡「阿松割包」。

吃割（刈）包，在割包中間夾入豬肉，外觀看起來就像是咬著豬肉的老虎，藉此代表將一整年的厄運吃下肚。一份八十元的兩個割包餡料飽滿，或許就是因為「好吃、方便又便宜」，所以才吸引了排隊的人潮吧。

◆ 施家小卷米粉
臺南市南區中華西路 1 段 2 巷 5 號
06-2631721
營業：9:30-20:30　店休：星期一

◆ 金得春捲
臺南市中西區民族路 3 段 19 號
06-2285397　營業：7:00-17:00

◆ 阿松割包
臺南市中西區國華街 3 段 181 號
06-2110453
營業：8:00-18:00　店休：星期四

◆ 富盛號碗粿
臺南市中西區西門路 2 段 333 巷 8 號
06-2274101
營業：7:00-17:00　店休：星期一

◆ 茂雄蝦仁肉圓
臺南市中西區保安路 46 號
06-2283458
營業：9:30-（賣完為止，約到 20:00）

◆ 阿鳳浮水虱目魚焿
臺南市中西區保安路 59 號
06-2256646　營業：7:30-1:00
店休：不定期（每隔 40 天左右）

◆ 邱家小卷米粉
臺南市中西區國華街 3 段 5 號
06-2210517　營業：11:00-17:00

◆ 葉家小卷米粉
臺南市中西區國華街 2 段 142 號　06-2226142
營業：8:30-（賣完為止，通常到 16:00）
店休：星期一

魚麵．鱔魚麵

說到麵食，我會推薦「卓家汕頭魚麵」。雖說是麵條，卻完全不使用麵粉，而是將漁夫眼裡不值錢的狗母魚魚肉打成魚漿，加上少許太白粉搓成麵條的形狀就成了魚麵。外觀看來捲曲，富有嚼勁，在口中咀嚼時會有一股甜味在舌尖散開，只吃一碗根本不夠，像我這麼喜歡魚漿製品的人，汕頭魚麵絕對是會讓人上癮的美味。

而提到臺南的招牌麵食，當然不能夠忘記「鱔魚意麵」，對日本人來說，鱔魚是很陌生的食材，卻是最能代表臺南的料理之一。

臺南人會開始吃鱔魚，據說

是受到日本人嗜吃鰻魚的影響，因為日治時期在臺的日本人喜歡鰻魚，可是當時臺灣沒有鰻魚，因此就用味道和口感類似的鱔魚來代替，久而久之就成了臺南的特產。位於國華街和友愛街交叉口的康樂市場裡的「廖家老牌鱔魚麵」，聽說是臺南最早開始賣鱔魚麵的老字號。

一走近店門口，就會看到許多剛處理好的鱔魚帶著血擺放在店前倒翻的竹籃上，乍看之下有點怵目驚心，但這無疑是新鮮的證明。

烹調的秘訣在於「鱔魚從下鍋到起鍋不可以超過二十七秒」。

廖老闆話一說完，立即在我面前展現他俐落的手藝。至於為何是二十七秒？我沒有追問，或許這是來自他長年的經驗吧。

剛炒好的鱔魚沒有任何腥味，彈性十足，和甜甜的洋蔥及辣醬很搭，辣椒的風味讓料理更添美味。

就算大半夜客人依舊絡繹不絕的「阿江炒鱔魚」。

不管哪一家店，老闆大火快炒鱔魚的樣子都是活招牌。民族路上的「阿江炒鱔魚」看來歷史悠久而且沒有菜單，老闆操著一口臺語，很有在地感，從傍晚營業到深夜，任何時段去都是客滿。

老闆手上的鍋鏟在鍋裡鏗鏘作響，聽說因為這樣炒鱔魚，所以炒鍋往往不到幾個月就會破洞，看樣子這番話並不是空穴來風。

臺南小吃整體來說偏甜，但是這間店在調味上將甜度壓低，炒出了蒜香和焦香味。有人說用炒鍋大火炒鱔魚時，黏在鍋底的部分會有一點點焦，所以才會那麼香，但我想關鍵還是在於瓦斯爐旁的調味壺裡裝的醬汁秘方吧。

蝦仁飯

臺南還有一道從日治時代起就相當受歡迎的料理，那就是蝦仁飯。海安路上的「矮仔成蝦仁飯」遠近馳名，飯碗裡盛的是這家店特製的炒飯，上面放的炒蝦仁則是當天捕獲的新鮮蝦子。

吃蝦仁飯一定要配鴨蛋湯。由於養鴨的飼料裡會摻入當天現剝的蝦殼，因此鴨蛋富含鈣質。不知為何，很多客人會固定這樣搭配，不知不覺中蝦仁飯配鴨蛋湯就成了人人必點的招牌組合。

另一家有名的蝦仁炒飯店，

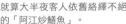

「矮仔成蝦仁飯」的創始人之子經營的蝦仁炒飯店「集品蝦仁飯」。

「矮仔成蝦仁飯」的蝦仁飯口感彈牙，我相當推薦。

是「矮仔成蝦仁飯」斜對面的「集品蝦仁飯」，口味甜而不膩。「矮仔成蝦仁飯」是創始店，而「集品蝦仁飯」則是創始人的兒子開的店，前者因為父親退休而交由其他人經營，當地人的說法是兒子的店比較好吃。如果對自己的食量有自信，不妨兩間都吃吃看，比較一下。

◆ 卓家汕頭魚麵
臺南市中西區民生路 1 段 158 號
06-2215997
營業：10:00-21:00　店休：不定期

◆ 廖家老牌鱔魚麵
臺南市中西區中正路康樂市場（沙卡里巴）113 號
06-2249686　營業：11:00-21:00

◆ 阿江炒鱔魚
臺南市中西區民族路 3 段 89 號
0937-671052
營業：17:00-00:30　店休：不定期

◆ 矮仔成蝦仁飯
臺南市中西區海安路 1 段 66 號
06-2201897
營業：7:00-19:30　店休：不定期

◆ 集品蝦仁飯
臺南市中西區海安路 1 段 107 號
06-2263929　營業：9:30-21:00
（賣完為止，請於 20:00 前入店）
店休：不定期

臺南傳統料理

臺南以小吃店居多，不像東京或臺北有各式各樣的餐廳，但若是認真找，也可以找到不少美味的餐廳。

首先，我想推薦的是一律採取預約制的「筑馨居」。這間餐廳是由清代（一八七六年）興建的獨棟紅磚建築改建而成，提供午餐和晚餐，三十六歲的老闆周榮棠是土生土長的臺南人，綽號阿勇，他和「筑馨居」之間頗有一段淵源。

其實阿勇是「筑馨居」的第二任老闆。當時第一任老闆王石玉一方面想要傳承臺南的文化，另一方面想讓喜歡烹飪的妻子有

個大展廚藝的空間，因此退休後就開了這間餐廳。由於餐廳的氣氛好、口味佳，所以一直以來客人都絡繹不絕，夫妻倆卻因為忙過頭而病倒了。

阿勇原本是「筑馨居」的熟客，本身是宴席的總舖師，對於骨董和古厝也抱有濃厚的興趣，他的夢想就是有朝一日能夠開一間屬於自己的店。

在一次偶然的談話中，王石玉察覺彼此的理念相同，於是交棒給阿勇，讓他接下餐廳的生意，成就了這段佳話。

在那個還沒有鋼筋水泥的時代，主要的建築材料是安平地區最常見的牡蠣殼灰，抹在一塊塊親手燒製的紅磚瓦上砌成這棟屋子，裡頭空間寬敞，連一根柱子也沒有。走進店內，映入眼簾的是帶有懷舊風的木櫃和櫥櫃，擺滿了玻璃瓶與南部鐵瓶裝飾，恍然間，令人有種回到日本昭和時代的錯覺。

阿勇對於料理也有自己的一番堅持，包括白河蓮子、虱目魚、西港的芝麻油等，精挑細選臺南各地盛產的食材入菜；米飯也是採用農夫崑濱伯親手種的、公認臺南最好吃的稻米；此外還特地用臺灣的老福杉製作米桶，端上桌的每道料理都是臺灣民眾再熟

悉不過的家常菜，更是讓人懷念的滋味，就像日本人餐桌上的馬鈴薯燉肉和燙青菜一樣，平凡卻又令人難忘。因為這裡提供的是合菜，所以如果要來用餐，別忘了呼朋引伴一起分享。

臺灣人往往會在中秋節或農曆年等特別節日裡返鄉吃團圓飯，而「筑馨居」正是讓每位顧客都能在這裡品嚐到家的味道。

另一間知名的餐廳是「阿霞飯店」。這裡的招牌菜「紅蟳米糕」非常有名，沒有預約可能會吃不到，因為我喜歡螃蟹，所以懷著滿心期待造訪這間餐廳。先吃了一輪烏魚子、米腸、空心菜之後，壓軸的紅蟳米糕終於登場了。米糕使用的Q軟糯米散發著香氣，我吃了一口厚實的香菇，接著夾起肥美的蟹肉往嘴裡送，嗯，確實很好吃。但如果問我這是不是非吃不可的極品，老實說我也不這麼認為。

「阿霞飯店」的招牌菜紅蟳米糕。

畢竟紅蟳最精華的部位就是蟹膏和蟹黃，而這裡似乎有點蒸過頭了，吃起來偏硬，對於喜歡半熟口感的我來說，簡直讓螃蟹本身的美味大打折扣。仔細想想，我在臺灣的海產店吃螃蟹時，好像都會覺得蒸得太熟，或許是因為臺灣人不太習慣吃生的食物，換句話說，可能也只有日本人才會想要吃到半熟的蟹膏和蟹黃吧。

◆ 筑馨居

臺南市中西區信義街 69 號
06-2218890
營業：11:00-14:30 / 18:00-21:00
店休：星期一、星期二

◆ 阿霞飯店

臺南市中西區忠義路 2 段 84 巷 7 號
06-2256789
營業：11:00-14:30 / 17:00-21:00
（請於 20:10 前入店）
店休：星期一
http://www.a-sha.tw/restaurant/restaurant.htm

內行人的咖啡館

我發現臺南有很多內行人才知道、燈光美氣氛佳的咖啡館，而且每一間看起來都很時髦，裝潢設計比起東京青山、代官山或表參道的咖啡館有過之而無不及。

首先我想介紹的是「TIL space 語言交流咖啡廳」。這間店跟一般的咖啡館不太一樣，店裡不但提供薑汁豬肉、咖哩、可樂餅等日式定食，每週二、週四與週日還會訂定不同的主題，舉行日本人與臺灣人之間的「語言交流會」。我造訪那天討論的主題是「KTV必點歌曲」，將近三十名臺日男女彼此熱烈的討論，現場氣氛好不熱鬧。

爽朗的招呼我的「TIL」老闆奧西先生與高橋先生。

這間店的老闆是笑容迷人的奧西克彥先生與感覺有點狂野的高橋佳先生，兩位都是三十幾歲、性格爽朗的日本青年。除了經營咖啡館，他們也提供臺日雙方的留學情報或在臺南的日本人生活上的協助等，店內空間寬敞，門口一大片透明玻璃讓人可以一眼看到店內的情形而不會裹足不前。來到臺南的日本人能夠在這裡獲得幫助，想學日文的臺灣人也可以在這裡互相交流，可說是彌足珍貴的咖啡館，而我則特別推薦這裡的和風甜點。

而位於孔廟對面的「窄門咖

「窄門咖啡」的餐點相當豐富，但得側身才進得去。

啡」氣氛也很不錯，店名「窄門」取得名副其實，因為得穿過位在兩棟樓房之間的窄巷，窄到要像螃蟹走路那樣側身才進得去。店裡提供的餐點種類相當多，比較罕見的是西藏的酥油茶和臺灣客家的傳統擂茶。

另一家值得推薦的是藝術咖啡館「B.B.ART」，即使對藝術沒興趣，還是可以免費參觀。

有舒適露天座位的咖啡館「B.B.ART」。

這棟建築物曾經和南臺灣第一間百貨公司——名聞遐邇的「林百貨」並列，號稱「第二百貨」。在長時間擱置後，如今大幅改建，營造出富有深度的藝術空間，長期展示和販賣藝術家的作品，也會舉辦戲劇或舞蹈表演等活動。

二樓的咖啡館幾乎沒有人，我一個人自在的喝著咖啡，十分愜意。

離開B.B.ART再往下走，就可以看到「FILM」咖啡館。

這間咖啡館是由年逾八十的臺南國寶級攝影師許淵富先生的舊居改建而成，店裡只供應早午餐。

包括炒蛋、太陽蛋、班尼迪克蛋、水果沙拉蛋在內，提供四種有機生菜沙拉佐義大利進口橄欖油。此外店內也販賣自製的豆漿，客人可以一邊欣賞許先生的黑白攝影作品，一邊悠閒的品嚐早午餐。

臺南的國寶級攝影師許淵富先生舊宅改裝而成的咖啡館「FILM」，可以在店內一邊享受早午餐，一邊欣賞黑白照片。

◆ T I L space 語言交流咖啡廳
臺南市東區東安路 48 巷 29 號
06-2361116
營業：平日 17:00-21:00 ／例假日 11:00-21:00
店休：星期三

◆ 窄門咖啡
臺南市中西區南門路 67 號 2 樓
06-2110508
營業：平日11:00-23:00／例假日10:30-23:30
店休：全年無休

◆ B . B . A R T
臺南市中西區民權路 2 段 48 號　06-2233538
營業：星期二～星期六 11:30-21:00
（請於 20:00 前入店）／星期日 11:30-19:00
店休：星期一

◆ F I L M
臺南市中西區民權路 2 段 64 巷 6 號
06-2225426
營業：8:00-16:00（早午餐供應到 15:00）
店休：全年無休

荷蘭統治臺灣時，在安平建造了安平古堡等許多古蹟

吃遍安平小吃

稍稍離開臺南市區來到郊外的安平，在這裡可以悠悠哉哉的盡情享受臺南美食。

臺灣的開拓始自安平，因此安平可說是全臺灣歷史最悠久的城鎮，比起臺南市中心，可以逛的範圍更廣，所以最好租機車或搭計程車移動。如果體力負荷得了，租一輛腳踏車在安平馳騁也很不錯。

我通常是早起之後騎機車出門，從臺南市區騎往安平途中，絕不會錯過的是臺南運河旁的「周氏蝦捲」。由於上午十點就開始營業，所以也可以在這裡吃早餐。

周氏蝦捲是臺灣的炸蝦捲名店，顧名思義，是由姓周的人創始的。大約五十年前從馬路旁的小店起家，現在已經是氣派的三層樓餐廳，還附設遊覽車停車場，從早到晚人潮絡繹不絕，是臺南具代表性的名店之一。

除了蝦捲，菜單上還有白北浮水魚羹、肉燥擔仔麵、烏魚子

以炸蝦捲聞名的「周氏蝦捲」，其他知名的臺南小吃也一應俱全。

以海防為目的而設置炮台的「億載金城」，如今是熱門的古蹟觀光景點之一。

這裡是日治時代的製鹽公司宿舍「臺鹽日式宿舍」。

等，臺南特色美食應有盡有，如果趕時間，在這裡就可以吃到各式各樣的臺南小吃。

我通常只會點這家店的招牌蝦捲，用豬腹膜包裹蝦仁、魚漿、豬絞肉和青蔥後油炸而成，即使是不喜歡油炸物的我也很合胃口，一盤兩條，讓人吃完還想再吃。

從周氏蝦捲店門前的安平路往西走，就會到達安平的中心地帶——延平老街。這一帶往往從上午開始就會湧入許多觀光客，尤其週末幾乎整天都擠得水洩不通。

延平老街是十七世紀臺灣最初的商店街，有「開臺第一街」之稱。一九九五年，政府決定拆除老舊的延平街、將道路拓寬，當地居民認為這樣會破壞歷史建築，於是發起大規模的抗議行動，但整建作業仍強制執行，直到現在，正反兩派的意見依舊相互對立。

安平知名的觀光景點包括荷蘭人建造的「安平古堡」、日治時代興建的製鹽公司宿舍「臺鹽日式宿舍」、祭拜海神「媽祖」的臺灣第一古廟「安平開臺天后宮」、展示古早蚵灰窯的「安平蚵灰窯文化館」、以海防為目的而設置砲台的「億載金城」、過去英國商人所使用的倉庫「安平

巨大的榕樹垂下的氣根在屋頂及牆壁攀附生長而形成「安平樹屋」，渾然天成的景觀讓人震撼。

樹屋」等。

每逢假日，這裡就像舉辦廟會般熱鬧，馬路兩旁有很多攤販，如果不堅持要吃到臺南風味小吃，走馬看花還滿有趣的，但要是講究味道的話，似乎也沒什麼特別的。但我很推薦安平古堡前的「古堡蚵仔煎」，這家店是在當地經營超過四十年的老店，臺北的蚵仔煎完全無法相提並論。他們的份量比一般多出一倍半左右，鮮蚵和豆芽菜也給得很大方，此外還有味甘鮮美的蚵仔湯，搭在一起真是絕配。

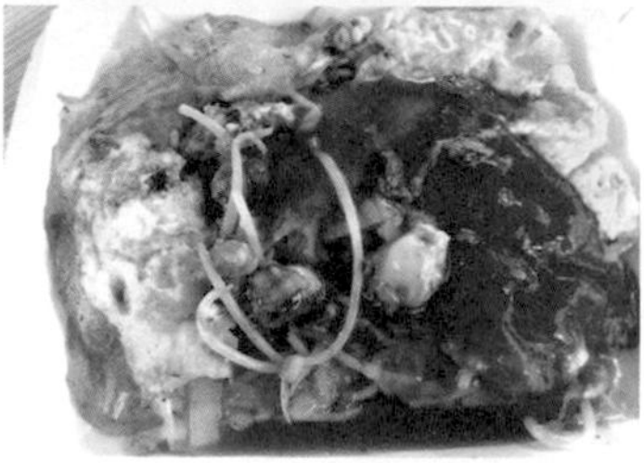

「古堡蚵仔煎」的牡蠣和豆芽菜份量十足，讓人有飽足感。

◆ 周氏蝦捲（總店）
臺南市安平區安平路 408 號 -1　06-2801304
營業：10:00-22:00　店休：全年無休

◆ 古堡蚵仔煎
臺南市安平區效忠街 85 號　06-2285358
營業：9:00-19:00　店休：星期三

荷蘭人在 17 世紀建造的普羅民遮城（Provintia），也就是赤崁樓（左）。北側的「舊來發餅舖」是擁有 130 年歷史的老字號（右）。

道地的中西甜點

糕餅

臺南的點心傳統而樸素。

或許因為是歷史古都，所以比起蛋糕或聖代等西式甜點，這裡仍然以傳承傳統中式糕點的糕餅店居多，在口味和外觀上也都很樸實。

「透過砂糖的消費量可以得知該國的開發程度。」

忘了在哪裡讀過這句話。在人工甜味料尚未問世之前，砂糖非常貴重，因此甜點可算是一種奢侈品，主要是在婚喪喜慶或拜神獻佛時使用，如今則成為日常生活中不可或缺的消費品。

臺南的廟宇多，傳統中式糕餅店也很多，他們專賣像落雁[1]那樣的糕餅、饅頭般的麵皮紅桃與月餅等，且幾乎以外接訂單居多，所以走進空盪盪的店內，難免湧起一股失望之情。

知名的觀光景點赤崁樓北側和成功路交界處有一家「舊來發餅舖」，專門製作廟裡拜拜的糕點，已經有一百三十年以上的歷史。那些當做供品的糕餅會做成羊或豬等造型，相當討喜。在種類眾多的糕餅當中，我最推薦的是「黑糖香餅」，有點像九州的一口香[2]，滋味則讓人聯想起輕目燒[3]，甜而不膩。但是因為外皮酥脆、餅內中空，所以得注意別碰

赤崁樓南側的「舊永瑞珍囍餅」是喜餅老店（右）。「新裕珍餅舖」販賣的則是臺式馬卡龍等西點（左）。

撞到，以免碎掉。

赤崁樓南側的「舊永瑞珍囍餅」和舊來發餅舖同樣擁有百年以上的歷史，這裡最有名的是婚禮用的「喜餅」，也就是女方贈送給親朋好友的中式大餅，其他也有零售鳳梨酥和月餅等糕點。

民權路上的「新裕珍餅舖」和前兩家糕餅店不同，賣的主要是西式點心，例如口感類似沖繩甜甜球[4]的炸甜甜圈，以及臺式馬卡龍和多種口味的小西點，可以依照個人喜好裝入袋子後秤重結帳。

對於喜歡濃郁的奶油口味或鮮奶油的人來說可能會覺得美中不足，但這類簡單的滋味卻會讓人回想起過去純樸的糕點。

此外，位在北側、離鬧區較遠的「連得堂餅家」是隱身巷弄內的小店舖，雖然地點不太好找，但店門口往往擠滿了人潮。

店內擺了一台陳年的煎餅專用機器，一片片煎餅全都是親手烘烤的。這裡的煎餅和以米為原料的日本煎餅不太一樣，比較接近以小麥粉為原料的瓦煎餅。最有名的是雞蛋煎餅，因為太受歡迎了，所以限定一個人只能買兩袋，但是口感偏硬，適合牙口好的人。另一種味噌煎餅則軟硬適中、方便食用，慢慢咀嚼後，淡淡的味噌香氣會在口中散開，讓人一片接一片，不知不覺就吃太多了。

巷弄裡的「連得堂餅家」，店面小卻很受歡迎。

「連得堂餅家」手工烘烤的雞蛋煎餅和味噌煎餅。

◆ 舊來發餅舖
臺南市北區自強街 15 號
06-2258663　營業：8:30–21:30　店休：不定期
http://twglf.com

◆ 舊永瑞珍囍餅
臺南市中西區永福路 2 段 181 號
06-2223716 / 06-2249330
營業：8:00–21:00　店休：全年無休
http://jp062223716.tw.tranews.com

◆ 新裕珍餅舖
臺南市中西區民權路 2 段 60 號
06-2220420　營業：9:00–19:00　店休：星期一

◆ 連得堂餅家
臺南市北區崇安街 54 號　06-2258429 / 06-2286761
營業：平日 8:00-20:00 ／例假日 8:00-18:00
店休：全年無休

1 一種日式糕點。用米、糯米等粉類混合水飴、砂糖後染色，以木製印模拓出後乾燥而成，口感細膩。

2 長崎市的招牌糕餅。小麥粉製作的外衣包裹著由黑糖、蜂蜜、水飴等特製的內餡，再放入烤箱烘烤，就會形成這種餅內中空的點心。

3 古早味的日式點心，將砂糖溶於水加熱煮沸，形成糖漿後離火，加入小蘇打粉攪拌，膨脹定型後就成了口感酥脆、內部中空的糖餅，等同臺灣的「膨糖」。

4 沖繩當地的傳統點心，以麵粉、雞蛋、砂糖攪拌而成的麵糊低溫油炸而成。

冰鄉的「八寶豆花」，滿滿的配料把豆花都蓋住了。

刨冰

吃完這些傳統的中式糕餅之後，是不是有點口乾舌燥呢？這時不妨來碗刨冰解渴一下吧！尤其在盛夏的臺南，無論身心都極需要涼意來消消暑氣。

臺南的刨冰可以分為水果冰和八寶冰兩大類。以水果冰來說，通常只要去水果店，就可以吃到用新鮮水果製作的刨冰。

臺南最具代表性的水果非芒果莫屬。我首推民生路上的「冰鄉」，和其他水果店比起來店面雖然不顯眼，卻可以吃到便宜又好吃的芒果冰。

老闆會挑選達到一定熟度的芒果，剝皮切塊後大方的堆在刨冰上，就成了一碗道地的芒果冰了。吃到一半左右，可以倒入一旁附的百分之百原味芒果汁，充分攪拌之後就成了冰沙。只要花七十元就能品嚐雙重口感，我想這種享受只有這裡才有吧。

冰鄉的豆花也很有名，豆花是黃豆磨成的豆漿凝固而成的甜品，這間店自製的手工豆花軟硬適中，足以列入我在臺南吃到的豆花前三名。

冰鄉附近還有一間「裕成水果」，他們的芒果冰要價一百七十元，和其他店比起來貴得多，但是除了多到快要滿出來的芒果，上面的芒果冰淇淋和煉乳也給得很大方，可以大快朵頤一番。因為份量多，所以建議兩到三個人一起享用比較划算，只是來到這裡就要有排隊的心理準備。

國華街上有一間果汁專賣店「俗俗賣木瓜牛乳」，雖然不是

「裕成水果」的芒果冰，值得大快朵頤！

「俗俗賣木瓜牛乳」的木瓜牛乳新鮮香醇。

水果店，但是店門口擺了一整排木瓜和其他水果。這裡的招牌木瓜牛乳超乎想像的好喝，老闆堅持不加任何冰塊和水，新鮮香醇的滋味讓喜歡木瓜的人無法自拔。

至於八寶冰，一般會提供花生、綠豆、紅豆、杏仁豆腐、仙草等十種以上的配料讓客人選擇，再淋上糖漿食用。這讓我回想起昭和時代在日本吃到的刨冰，記憶裡冰涼爽快的滋味頓時在口中散開。

「謝家八寶冰」位在石精臼市場內，他們的招牌是混合地瓜粉和太白粉揉製而成的「脆圓（粉角）」，呈半透明狀，像軟糖般

「謝家八寶冰」的招牌是加上脆圓（粉角）的八寶冰，讓人一吃上癮。

「江水號」也是八寶冰名店，運氣好的話可以看到第三代老闆親手搓湯圓。

Q軟有嚼勁的口感容易讓人上癮。

還有一家不能不推薦的八寶冰名店，就是西門市場內的「江水號」。店頭前幾個大盤子裡裝的是每天花時間現煮、滾得爛熟的紅豆和綠豆等配料，運氣好的話，說不定還可以看到第三代老闆坐在門口的小板凳上，親手搓製一顆顆湯圓放入滾水中煮開。

江水號往前一點就是「泰山冰店」，兩家店相距不遠，門口也同樣擺出各種手工製作的配料，但泰山冰店比較特別的是有「香蕉油清冰」，就是在刨冰上淋上香蕉口味的糖漿。店裡的員工表示，在水果還相當珍貴的年代，人們就是在刨冰上淋上這種糖漿來滿足口腹之慾。我原本以為會是一般的香蕉味，但是實際吃了一口，發現跟我想像的有很大的落差。香蕉油是透明的液體，雖然有香蕉味，一開始感覺順口，之後的油味卻讓人蹙眉，老實說不太合我的胃口，但是如果想要體驗臺灣人的「古早味」，不妨嚐看看。

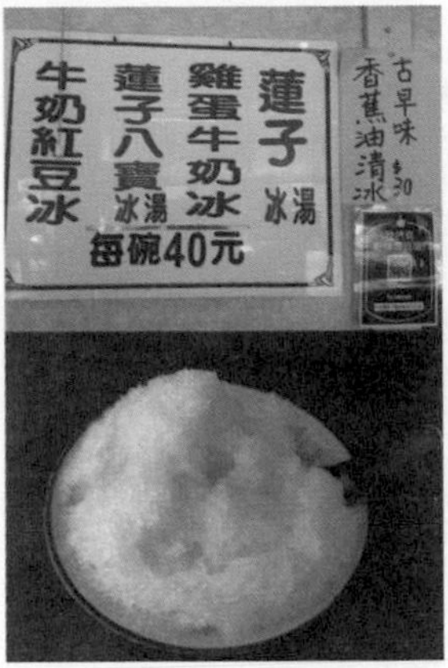

在「泰山冰店」吃得到古早味的香蕉油清冰，一定要來嚐嚐這不可思議的滋味！

◆ **冰鄉**
臺南市中西區民生路 1 段 160 號
06-2234427
營業：12:00-21:00　店休：不定期

◆ **裕成水果**
臺南市中西區民生路 1 段 122 號
06-2296196
營業：12:00-2:00　店休：不定期

◆ **俗俗賣木瓜牛乳**
臺南市中西區國華街 3 段 61 號
（民生路 2 段與國華街 3 段交叉口）
營業：星期一～星期六 10:00-20:00
星期日 10:00-17:00

◆ **謝家八寶冰**
臺南市中西區民族路 2 段 238 號
營業：19:00-00:00
（通常 22:00 左右就會賣完）

◆ **江水號**
臺南市中西區國華街 3 段 16 巷 13 號
06-2258494
營業：12:00-21:00　店休：星期二

◆ **泰山冰店**
臺南市中西區國華街 3 段 18 號
06-2286019
營業：10:30-18:30　店休：不定期

我的豆花店首選「無名豆花」，保證一碗接一碗。

豆花

而提到臺灣最具代表性的甜點，應該就是豆花了吧。雖然看來稀鬆平常，但多吃幾家比較看看，就會發現每一家的硬度、滑順度與口味各有巧妙，從中選擇自己心目中的最愛，也是一種樂趣。

我吃過的豆花當中，有吃起來像豆腐般綿密的，也有像布丁般滑順的，甚至有像寒天般扎實的，口感相當多元。

在臺南，我首推連得堂餅家附近專賣豆花的「無名豆花」，由於是利用自家門口的有限空間販賣手工豆花，所以也很難稱為店面，比較像是在普通民宅前的騎樓做生意。從紅色碗內舀起豆花，柔嫩細緻的口感，彷彿要在舌尖上融化，我每次造訪都一定要吃上三碗才過癮。

而在安平，名聲最響亮的是「茂記安平黑豆花大王」和「同記安平豆花」，兩家店比鄰而居，同樣總是人聲鼎沸。茂記安平黑

豆花大王的招牌是用黑豆製成的黑豆花，還會附贈炒黑豆和黑豆茶。同記安平豆花店內寬敞，還提供甜甜的冰磚打成的「雪花冰」等冰品，種類相當豐富，適合樂於嘗試各種口味的顧客。

雖然不是甜點，但是這兩間豆花店的對面有間「福記水煎包」，既然都到這裡來了，就千萬不要錯過鮮甜多汁的水煎包。一個十元且只能外帶，內餡是滿滿的高麗菜和豬肉餡，好吃得讓人讚不絕口。

接著要介紹的是我心目中安平第一的豆花店——「周氏豆花」，尤其是熱的「黑糖牛乳豆花」，滑嫩順口，在感到些許寒意的夜裡非常適合來一碗暖暖身子，吃完會讓人感到徹底放鬆，想馬上鑽進被窩裡。

兩間豆花店的對面是「福記水煎包」，吃完豆花可以來點不一樣的。

我超級推薦安平「周氏豆花」的黑糖牛乳豆花。

◆ 無名豆花
臺南市北區北忠街 176 號
06-2241474
營業：9:00-18:30　店休：星期二

◆ 茂記安平黑豆花大王
臺南市安平區安北路 441 號
06-3911373　營業：9:00-22:00
http://www.mao-s.com.tw

◆ 同記安平豆花（總店）
臺南市安平區安北路 433 號
06-3915385
營業：8:00-23:00　店休：全年無休
http://www.tongji.com.tw

◆ 福記水煎包
臺南市安平區安北路 400 號
06-3914179　營業：9:20-19:00
店休：每月 2 次，不定期

◆ 周氏豆花
臺南市安平區安平路 137 號（面向安平觀音亭）
06-2238773　營業：10:00-21:00
http://062238773.tw.tranews.com

西式甜點

來到臺南卻還是想吃西式甜點的話，不妨嚐嚐這裡的格子鬆餅（waffle）。日本非常流行的薄煎餅（pancake）在臺灣比較少見，相反的，格子鬆餅則很受歡迎，而且口味都有一定的水準。

正興街上有間文藝茶館「IORI TEA HOUSE」，重現了日本昭和時代的摩登氣息，可以在昏黃燈光下享用紅茶和鬆餅。臺灣人似乎比日本人還喜歡咖啡，所以一般的咖啡館幾乎都以販賣咖啡為主，但這裡只提供紅茶，對於偏愛紅茶的我來說真是令人雀躍。

正興街上有一間洋溢昭和摩登風情的「IORI TEA HOUSE」，我很推薦他們的水果鬆餅。

此外，現烤的鬆餅外皮酥脆、內層扎實，相當道地。這間茶館還和對面的「泰成水果店」合作，推出奢侈的放滿當季新鮮水果的水果鬆餅，也很值得推薦。其他還有一天限量十份的特製布丁與濃醇的阿薩姆冰淇淋，也都很好吃。

隔壁的「正興咖啡館」是臺南知名的建築師劉國滄一手打造的，雖然沒有賣鬆餅，但是由古厝改建而成的店舖成了藝術展示空間，可以在這裡一邊喝著虹吸式咖啡壺沖煮出來的咖啡，一邊吃特製三明治，享用一頓優雅的早午餐。

正興街上相當受歡迎的霜淇淋專賣店「蜷尾家甘味處」。

正興街就像東京的原宿，一到週末，全長才兩百公尺的道路便擠得水洩不通，咖啡館、水果店、雜貨店、飾品店人滿為患。其他如可麗餅店、蛋糕捲專賣店等，各種滿足女孩子口腹之慾的甜點都集中在這裡。其中，總是大排長龍、盛況空前的是霜淇淋專賣店「蜷尾家」。

在臺南，只要花個三十元就可以吃到早餐或午餐，以這樣的價格來看，一支八十元的霜淇淋確實不便宜，但他們的霜淇淋一天平均能賣到三百支以上，是相當受歡迎的商品。

老闆李豫理著光頭、戴著黑

框眼鏡，健壯的體格就像運動選手，手工繪製的名片上也自稱「光頭」，第一印象感覺很兇，開口聊天之後才發現他其實滿害羞的。他還稱謝宅的小五「大哥」，非常崇拜他。

「目前為止我試做過七十種以上的霜淇淋，但最喜歡的還是杏仁口味。」

「蜷尾家」每天會推出兩種不同口味的霜淇淋，我試吃了玄米和烏龍茶口味，真的很好吃。或許就像到了原宿會想吃可麗餅一樣，呼朋引伴的效應形成了人潮，附近也像趕流行似的連開了好幾家霜淇淋店，都快要可以畫成霜淇淋美食地圖了。

小鎮上的八卦不少，街坊鄰居都知道現在這麼成功的李豫以前是個不折不扣的浪子，在臺北當個半調子的攝影助手，後來當警察的父親贊助了一半的退休金讓他開了這間「蜷尾家」，在沒有人看好的情況下竟然做出了一番成績，最訝異的或許是他本人吧。

接著轉入康樂街，往前走沒幾步就會看到醒目的白色咖啡館「一緒二」，這裡的鬆餅同樣讓人讚不絕口。

端上來的綜合莓果鬆餅旁放了覆盆子、藍莓、草莓三種自製的果醬，要先從哪種口味開始還真讓人猶豫不決。除此之外，也提供有機栽培的咖啡和花茶，即使單純的品茶，也是一大享受。咖啡館的後面是民宿，如果喜歡店裡的氣氛，不妨住下來體驗一下。

康樂街上的「一緒二」，白色的外觀相當顯眼。

紅豆湯

而對日本人和臺灣人而言，

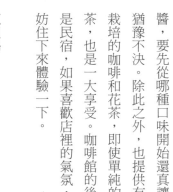

最熟悉的甜品莫過於紅豆湯。

信義街上有一家紅豆湯專賣店「慕紅豆」，店裡只提供兩種產品——一種是紅豆冰，另一種是熱的地瓜紅豆湯。下午兩點開始營業，生意相當好，手腳慢一點可能就吃不到了，而這裡的紅豆之所以好吃，是因為用柴火慢熬煮到透。

老闆唐文正（綽號大可）原本是電腦工程師，二〇一一年辭掉工作轉行賣起紅豆湯，是因為想起小時候父親煮紅豆湯給孩子們吃的回憶，想要將內心那股溫暖和感動傳承給下一代。

於是他在二〇一三年改裝了一輛三輪車，車斗的部分用來煮紅豆湯，就這樣騎著三輪車環島一周，沿途免費發放紅豆湯給各地民眾。

如果有機會光顧「慕紅豆」，我想你一定會被大可燦爛的笑容和美味的紅豆湯征服。

和大可一起花了 167 天環島一周的三輪車（右）。

杏仁茶．冬瓜茶

臺南的飲品很樸實，而且很多對身體有益。

聚集了許多美味小吃店的保安路上，有一間賣杏仁茶的「阿卿傳統飲品．冰品」，使用的杏

保安路上的「阿卿傳統飲品．冰品」賣的是濃醇的杏仁茶。

仁粉是每天在店裡現磨的。

其實我不是很喜歡杏仁味，但這裡的杏仁茶濃郁順口，非常合我的口味，我甚至還常常忍不住多帶一杯回家。

據說杏仁不只能生津解渴、消除便秘，還有美容養顏的功效。除了杏仁茶，店內也有賣燒餅、油條等臺灣的傳統早點。

此外赤崁樓附近有一間擁有百年歷史的「義豐阿川冬瓜茶」，是遵循古法、以手工熬煮冬瓜茶的名店。冬瓜茶利尿，對腎臟很好，在炎熱的夏天可以消暑解渴，也有助於恢復在旅行中失去的肌膚光澤。

擁有百年歷史的老店「義豐阿川冬瓜茶」。冬瓜茶是臺南的在地飲料，清涼解渴！

◆ IORI TEA HOUSE
臺南市中西區國華街 3 段 47 號　06-2216371
營業：星期一～星期六 14:00-22:00
　　　星期日 13:00-21:00　店休：星期三
https://www.facebook.com/IORIteahouse

◆ 泰成水果店
臺南市中西區正興街 80 號
06-2281794　營業：14:00-2:00　店休：不定期

◆ 正興咖啡館
臺南市中西區國華街 3 段 43 號
06-2216138　營業：9:00-21:00　店休：無休
https://www.facebook.com/zx.cafe

◆ 蜷尾家甘味處
臺南市中西區正興街 92 號
營業：平日 14:00-21:00 ／例假日 11:00-21:00
店休：星期二、星期三

◆ 一緒二
臺南市中西區康樂街 160 號
06-2216813
營業：9:00-18:00　店休：星期二

◆ 慕紅豆
臺南市中西區民族路 3 段 148 巷 35 號
0927-276819
營業：14:00-18:00　店休：星期三

◆ 阿卿傳統飲品・冰品
臺南市中西區保安路 82 號
06-2262799　營業：14:00-23:00

◆ 義豐阿川冬瓜茶
臺南市中西區永福路 2 段 216 號
06-2223779
營業：9:00-22:00
店休：全年無休

歡迎來到水果天堂

對我來說，水果是別具意義的食物。

家裡沒有水果會讓我很不安，除了飯後一定要吃水果，嘴饞時我也會吃水果解饞，甚至把水果當成正餐來吃。

許多人嫌剝皮麻煩所以對水果敬而遠之，我卻無法理解這種心態。像我就很會剝柑橘類的纖維，老是喜歡把橘子內側的白色纖維剝得一乾二淨且欲罷不能。像是保鮮期限短的李子和無花果，我也會一口氣買很多放冷凍庫保存，或是做成當季果醬，不亦樂乎。

我的水果依賴症和小時候在臺灣的飲食經驗有很密切的關係。

當時在臺灣，水果是唾手可得的食物。對日本人來說，日常的水果僅限於「蘋果、香蕉、葡萄」，而我在臺灣時，吃香蕉就像喝水一樣尋常，芒果、荔枝、枇杷等日本人視為高檔貨的水果，也總是可以自在的大快朵頤。

在寶島臺灣，一年四季都能夠吃到便宜又新鮮的水果，對我來說簡直就是天堂。尤其水果種類繁多的臺南，更是深深吸引了我。

新鮮水果吃到飽

臺南的水果店除了賣水果，也會應顧客要求當場切盤或打成果汁。在為數眾多的水果店當中，位在孔廟旁、地點絕佳的「莉莉水果店」，是創業於一九四七年的老店。

店內座無虛席，熱鬧非凡。雖然有人說他們專做觀光客的生意，但店裡的水果種類相當多，價格也很平實。

如果想要吃到原始的水果風味，最好的方法當然就是現場切盤直接吃，但像果汁、刨冰、豆花、冰淇淋等琳瑯滿目的搭配，也總是讓人難以取捨。

我選了幾樣當季水果後請店員切盤，盤子裡有木瓜、奇異果、哈密瓜、棗子、芒果、西瓜、楊桃等，每一種都又甜又多汁，讓我吃得大呼過癮。

在日本，像千疋屋、資生堂餐廳、林水果店等名店，都會在店頭醒目的陳列著超高級的水果，附設的咖啡館內也會販賣新鮮果汁，但是價格都貴得令人咋舌；還有在我從來沒去過的酒店或俱樂部裡，聽說男性顧客如果點了水果拼盤，就能討坐檯小姐的歡心；此外，車站內附設的果汁吧在價格上往往也不便宜。

因此來到了臺南，嘴饞想吃點什麼的時候，腦海裡浮現的不是蛋糕或咖啡，而是隨處可見的水果。水果本身就是飲食文化的一部分，真讓人羨慕。

臺南水果店的營業時間也很特別，大部分都是中午過後開店，直到深夜才打烊，因為他們通常是早上到中午在市場賣水果，下午才開始在自家店面做生意。畢竟

經營了50年以上的「莉莉水果店」，位於孔廟附近，總是座無虛席。

選好喜歡的水果之後當場切盤。

說到夏天絕對不能錯過的就是芒果冰！一旁附了檸檬，吃起來更爽口。

臺南的氣候一年到頭溫暖而潮溼，所以在吃完晚餐、外出散步時，難免會想來一盤清爽的水果吧！

晚餐之後來水果店光顧的，有穿著短褲的老伯或是騎機車前來的熟客夫婦等，感覺就像街坊鄰居，拋下一句「老樣子」，就和老闆熱絡的聊起天來。

番茄＋醬油膏

大家最常點的「老樣子」究竟是什麼水果呢？我觀察了一下，發現是將大番茄切塊的「番茄切盤」。和日本不同，番茄在臺灣被歸類為水果，而讓人驚訝的是一旁附的沾醬竟然是加入生薑泥與甘草粉、帶有甜味的醬油膏。第一次吃的時候覺得不好吃，就把醬油膏擱在一旁；第二次吃的時候漸漸習慣了這樣的口味；從第三次開始，我發現沒有醬油膏的番茄意外的空虛。

這樣的吃法，不知道是何時、由誰發明的，但只要是臺南人，都會異口同聲的表示：「這就是阿嬤準備的點心的滋味。」

「番茄切盤」是把大番茄切塊後，附上小碟醬油膏沾著吃。

◆ 莉莉水果店

臺南市中西區府前路 1 段 199 號
06-2137522
營業：11:00-23:00
http://www.lilyfruit.com.tw

從臺南市區出發，約 45 分鐘車程就可抵達文旦的盛產地——麻豆。陳哲雄先生（下）的「陳老師文旦園」往往一開放預訂就被搶購一空，相當受歡迎。

麻豆文旦

光吃水果覺得意猶未盡，所以我決定實地走訪臺南的果園一探究竟。這些水果的產區幾乎都位於臺南近郊，和市區有一段距離，於是我包下計程車，打算花上一天到處走走看看。

最初抵達的是盛產文旦的麻豆區，比起「文旦」，我比較常聽到的是「柚子」，小時候在臺灣經常看到家裡的神明桌上放著柚子當供品。

麻豆距離臺南市區約四十五分鐘車程，在這裡採收的文旦稱為「麻豆文旦」，汁多味美，是臺灣家喻戶曉的品牌。

其中，陳哲雄先生經營的「陳老師文旦園」，聽說往往在採收的前一年就已經預訂一空，相當受歡迎。

據說文旦是在十八世紀從福建傳到臺灣來的，因為在臺南麻豆栽種的文旦特別美味，所以聲名逐漸遠播，而文旦在麻豆的發祥地，就是陳老師文旦園這一帶。

陳老師文旦園不愧是適合栽種柚子的沃土，一顆顆飽滿的文旦沉甸甸的垂掛枝頭，和碩大的果實比起來，樹枝顯得細長，卻承載著結實累累的文旦。

「這顆是我特地保留的喔！」

陳老師拿出一顆文旦，外觀

有點像是老婆婆乾癟下垂的乳房，賣相不是很好，但嚐了一口果肉，甜美多汁，讓我想起以前在日本常吃的柚子糖，清香酸甜的記憶重疊，讓人感動萬分。

陳老師補充道：「好吃的文旦是小顆皮皺，而且比較重的。」

最後，他拿了幾顆小而重的文旦當做土產讓我帶走。

官田菱角

下一站，我前往離麻豆不遠的官田。

眾所皆知，前總統陳水扁的老家就在官田。日治時代八田與一（參照85頁）興建的烏山頭水庫為官田提供了優良的灌溉水源，所以這裡也發展為產量居全臺之冠的菱角故鄉。

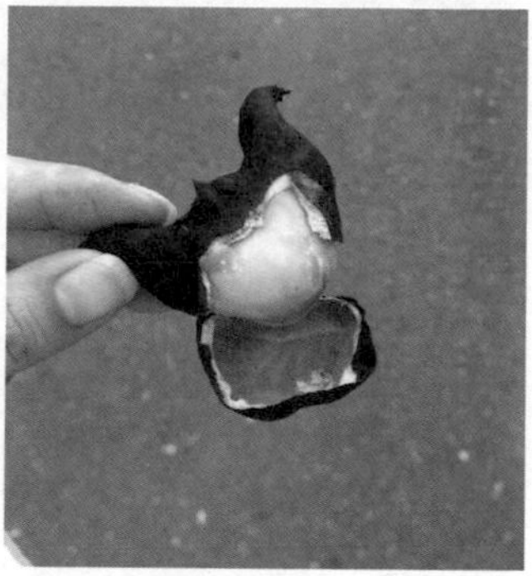

小時候看到剝開的菱角會讓我聯想起惡魔人，因此怕得不得了。

每次看到菱角，我都覺得它的形狀很不可思議，小時候甚至一度覺得菱角長得很像惡魔人[5]的臉而怕得不敢吃。但不知道從什麼時候開始，我迷上了菱角酥鬆的口感，看到路邊賣菱角的小販時，還會拉著媽媽的衣襬吵著要買。

九州的佐賀縣等地也出產菱角，但在東京就非常罕見，因為口感和味道相似，所以吃糖炒栗子時往往讓我不由自主的想起菱角。

菱角的採收季節是九月到十月，時期短，而且無法用機械採收。這段期間來到官田，便可以看到路旁廣闊的菱角田裡，農民將下半身浸在水裡，一手拿著鐵盆彎著腰採菱角的模樣。

5 日本漫畫家永井豪於一九七二年到一九七三年間在《週刊少年雜誌》連載的漫畫《惡魔人》（Devil Man）中的角色。

官田是菱角的一大產地，收穫期在 9 到 10 月，屆時可以看到農民浸在菱角田裡採收的模樣。

東山龍眼

接著從官田往北開，行駛三十分鐘左右就會抵達龍眼的盛產地——東山。

龍眼又稱為「桂圓」，聽說吃太多會流鼻血，是營養價值相當高的水果，可以當做中藥材，有益身體健康。龍眼肉和荔枝肉一樣是白色果凍狀，但比荔枝小顆，也比較沒有酸味，因為保存期限短，所以在臺北的水果店看得到龍眼的時間不多，大多是烘乾製作成黑色的龍眼乾。

龍眼乾又稱桂圓，營養價值高，可以做為中藥材（上）。龍眼盛產地東山鄉的傳統焙灶寮，製作龍眼乾必須連續五個晚上燒柴烘焙，非常辛苦（下）。

東山的龍眼乾是採用傳統的土窯烘焙方法，過程十分繁瑣。放入烘籠內的龍眼要用柴火連續烘焙五個晚上，使內部的水分徹底乾燥，經過長時間烘烤，龍眼的水分收乾，甜味也會濃縮在裡面。尤其到八月的龍眼採收期，農民必須守候在土窯旁，每兩個小時查看一次柴火的狀況，非常辛苦。

我造訪了其中一戶龍眼農家，他們以純手工一顆顆剝取龍眼肉，相當費工。龍眼烘焙後的大小只有原來的三分之一，此外也會用來製作龍眼花茶。聽說每年光是賣給左鄰右舍就會銷售一空，廣受好評。

拿在手上的龍眼乾還散發著烘焙的香氣，濃縮其中的獨特甜味在唇齒間蔓延，一邊啜飲香味類似金木犀的龍眼花茶，真是絕配。

玉井芒果

而臺南最具代表性的水果就是芒果，因此最後一站我來到芒果的故鄉——玉井。

臺南市區靠海，但玉井則位在反方向的阿里山山脈坡地。

在芒果的採收期間，所有臺南出產的芒果幾乎都會集中到玉井市中心的集散市場「玉井區青果集貨場」，再分別輸送到各地。一踏入市場，彷彿就要被這些芒果濃郁的香味給嗆暈了。

廣大的市場裡放眼望去都是一籃籃的芒果，簡直像是一片芒果海。依據品種的不同，顏色和大小也各異，包括日本人熟悉的「愛文」、紅紫色的「玉文」、綠色的「黑香」、紅色的「紅竹」與黃色的「金煌」等。雖說都是芒果，但種類之多，讓人不禁眼睛一亮。

這裡的芒果是整籃批售的，即使再怎麼心動也只能忍痛放棄。但市場內有賣芒果冰，新鮮現採的芒果果然不同凡響，而且芒果的份量足足比臺北多一倍，價格卻只要一半，好吃到讓人想多吃幾碗，只可惜心有餘而力不足。

一籃籃完整的芒果旁還堆滿了碰傷的芒果，一位老伯正專心的將它們去皮、去核、切片後放入大塑膠桶內，撒上大量砂糖，他指著那些芒果告訴我：「加糖醃漬過再曬乾，就變成芒果乾了。」

隨後，他拿出今天早上剛做好的芒果乾讓我試吃，果肉豐厚、富含纖維質，而且是純手工製作、不含任何添加物的特級芒果乾，

放眼望去，玉井市場裡盡是一籃籃剛採收的芒果。

充分吸收了陽光的精華，堪稱無可挑剔的美味。

玉井地區有三分之二的土地屬於農耕地，而農耕地的三分之二又都用來栽種芒果，所以路標上寫著「芒果的故鄉」、還畫有芒果插圖，路邊甚至矗立著芒果雕像。也就是說，來到玉井不管是吃的或看的，滿街都是芒果。

這裡有一間專門介紹芒果的「玉井區農會芒果產業文化資訊館」，過去在建築物頂樓還可以看到巨大的深紅色芒果雕像。當天館內除了我沒有其他遊客，整棟四層樓建築都在介紹芒果的歷史和栽培條件等，想進一步了解芒果的人應該會感興趣。

芒果原本是南洋的水果，約四百五十年前由荷蘭人帶來臺灣後，開始在臺南栽種。日治時代，因為官方鼓勵臺南的農民把種芒果當做副業，所以芒果果農也隨之增加。之後，臺灣人不斷進行品種改良，陸續開發出許多優良的芒果品種，如今芒果在臺灣外銷的水果當中就占了六成，堪稱足以代表臺灣的水果，也很受日本人歡迎。

一般來說水果都有季節性，但是來到臺南，幾乎一整年都可以吃到各種特產的當季水果，簡直就是水果天堂。

市場裡賣的芒果冰，芒果的份量是臺北的 2 倍，價格卻只要一半（右）。將碰傷的芒果去皮後撒上大量的砂糖，製作成芒果乾（左）。

天心軒素食囍餅
訂婚
月餅·糕點
牲禮·鳳片
黑糖香餅
紅龜·壽桃
紅圓·發粿
重陽麻糬
SZC 820

後記

日本朋友經常問我：

「臺灣哪裡好玩呢？」

「臺北有什麼好吃的嗎？」

我的父親是臺灣人，母親是日本人，臺灣是我的故鄉，照理說我應該要答得出來，但每次遇到這類問題，我都只能以尷尬的微笑來掩飾我的語塞。

畢竟我離開臺灣已經超過三十年，對臺灣的印象仍停留在一九八〇年代前半，就像靜止的時鐘般毫無進展。

為了撰寫二〇一三年出版的《我的箱子》，我開始頻繁往返臺灣和日本，才漸漸認識了「現在的臺灣」——這也不過是近幾年的事而已。

《我的箱子》的主角是我的父親，他在日本統治下的臺灣出生，被教育成日本人並接受日語教育，卻在二次大戰結束後，一夕之間變成了只會說日文的臺灣人，他對這意料之外的人生轉變感到困惑，始終在被撕裂的身分認同裡掙扎，直到五十六歲告別人世。

父親過世時我才十四歲，還來不及和他有像大人一樣的對話就永別了，他眼裡看到的臺灣和日本究竟是什麼模樣？我只能輾轉從他的朋友和親戚口中得知。

透過訪談和調查，我第一次知道臺灣的歷史軌跡以及與日本的關係，也逐漸意識到自己半個臺灣人的身分，於是展開了一場尋根之旅。原以為臺灣已經與我漸行漸遠，沒想到因為這樣的機緣，突然又拉近了我們之間的距離。

二〇一四年，我出版了第二本書——以我的母親為主角的《日本媽媽的臺菜物語》。

和父親比起來，我和母親相處的時間比較長，然而她也在我二十二歲那年撒手人寰，享年四十八歲。我的日本人母親和臺灣人父親結了婚，一九七〇年開始在臺灣展開新生活，對當時的日本人來說，臺灣是個似近實遠的地方，她一個人來到異鄉，面對大相逕庭的文化和習慣，應該感到相當不安吧，尤其父親身為臺灣五大家族之一——基隆顏家的長男，我的母親又是外國人，不難想像她當時承受的壓力有多大。

母親生前鮮少向我提起臺灣生活的點滴，雖然沒有直接的對話，但從她用文字記錄在臺灣學到的家常菜食譜卻可以窺見一二。

食譜上的臺灣菜都是經常出現在我家餐桌上的菜色，密密麻麻的筆記全是母親熟悉的筆跡，即使舉家搬回日本，我也常常向母親吵著要吃臺灣菜。母親過世之後，我只能透過她留下來的珍貴食譜一一重現這些料理，喚起過去在臺灣的生活和家族記憶。

為了寫這兩本書，我至少往返臺灣三十次了。

最初因為懷念而雀躍不已的心情，在不斷的往返中逐漸恢復平靜，甚至開始感到有些不對勁。

回到睽違三十年的臺北，記憶中的店卻都消失了，懷念的味道也不見了，充滿活力的市場更是沒落了。

眼前看到的是煥然一新的風景，彷彿童年記憶裡的臺灣不曾存在，正當我對這樣的臺北感到些許失落時，就在一次偶然的機會下造訪了臺南。臺南處處有我熟悉的街景以及溫馨的人情味，讓我決定將在這塊土地上體驗到的「真正的臺灣」寫成第三本書。

我在臺南邂逅了許許多多的人事物，其中總和我形影不離的就是「機車」了。臺南車站後面有很多出租機車的店，外縣市的遊客一抵達臺南幾乎都會先去租車，日本人租車也只要出示日本駕照的中譯本，約五分鐘就能辦好手續。如果租的是一百ＣＣ的機車，一天只要三百元，相當划算。

臺南的小巷子很多，大家說騎機車最方便，於是我決定體驗一下。上一次騎機車應該是二十年前的事了吧？我連怎麼發動引擎都忘了，還因此被老闆取笑了一番。一開始戰戰兢兢的，騎車的速度比行人還要慢，好幾次被問說：「妳迷路了嗎？」也曾經不小心把鑰匙放在後車廂而在路邊發愁，或是想把機車停好卻重心不穩壓到自己的腳，造成一大片瘀青，總之這類糗事數都數不完。

然而一旦習慣後，就像哪吒有了風火輪，到哪裡都很方便。戴上安全帽、騎著機車，瞬間就融入了臺南的街景，催著油門熟門熟路的穿過狹窄的巷弄，頓時覺得自己好像變成在地人，表情也不再那麼僵硬了。當妹妹知道我到哪裡都騎著機車時，還嚇了一跳說：「妳根本就是臺南人嘛！」臺南的朋友甚至建議我買一輛中古機車代步。

建築師劉國滄

我常常騎著機車經過海安路藝術街的「藍晒圖」。

「藍晒圖」是臺南建築師劉國滄先生的作品。二〇〇四年，海安路的道路拓寬工程拆毀了原有的民宅，他將留下的牆面塗上鮮豔的寶藍色，再用白色線條仔細勾勒出窗戶、天花板、家具等，形成一幅非常醒目的壁畫，之後經常出現在報章雜誌的介紹裡，成為臺南知名的地標。

在日本的時候，每當白天的工作告一段落，我固定會打開電腦關注臺灣的新聞，尤其是透過臉書的朋友獲知臺南的最新消息。

二〇一四年二月二十四日，我一如往常打開臉書瀏覽時，卻看到一則晴天霹靂的消息：「快訊——臺南的地標藍晒圖消失了！看到工人將牆壁塗白，真後悔沒有好好跟它告別。」還附上一張工人站在藍晒圖前刷油漆的照片。

我以為這是惡作劇，睜大眼睛仔細看了畫面好幾次，還查了其他的網路新聞，卻都沒有看到相關報導。

「聽說藍晒圖被塗成白色了，是真的嗎？」

我焦急的聯絡攝影師蔡宗昇先生，確認是否有這回事，他當下淡定的回答我：「不可能會有那種事啦！」

經不起我再三詢問，他只好親自去一趟現場。

「糟糕，是真的耶！」

他寄來的照片是整面牆壁都被塗成白色的藍晒圖。

我的心情很沮喪，也立刻在臉書和推特上發文。後來這起事件持續發酵，成為臺灣各大媒體的熱門話題，批評臺南市政府的聲浪四起，認為政府「連小小的藍晒圖也保不住，更別說古蹟了」，《中國時報》的報導甚至提到「日本作家一青妙幾乎第一時間就在網路關注此事」。

臺南的朋友笑道：「妳的消息比臺南人還靈通呢！」我變得自然而然想去關心臺南發生的大小事，也對這樣的自己感到有一點驕傲。

其實在「藍晒圖塗白事件」發生前不久的二月十六日，我在臺北見到了創作者劉國滄先生本人，劉先生體格高瘦，綁了一束長髮、蓄著短鬚，感覺是個心思細膩的藝術家。

「現在這股臺南熱潮，短期來看還有很多問題要解決，但也可以說是一種機會。」

他擔心臺南會因此變得過度商業化，也希望住在臺南的人不要互相敵對，良性的競爭才能使臺南變得更好。

他提出了獨到的見解，認為臺南是一個「可供實驗的場所」，因為臺灣經歷過許多外來政權的統治，在政治動盪不安的時代，臺灣人卻都能彈

性應對，尤其臺南這塊土地特別具有柔軟度，所以他的實驗性作品藍晒圖才會被大家接受。

然而，他似乎也預告了藍晒圖即將消失的命運。

「以限期的方式在屋主提供的壁面上自由作畫，一旦期限到了，要怎麼處置這幅畫誰都無法置喙，也無法阻止屋主任何行動。這樣的結果是好是壞，還是留給後世的人評斷吧。」

劉先生的一席話，一語道破了臺南目前面臨急遽變化的窘境。

歌手謝銘祐

臺南的魅力就像是裝滿了稀世珍寶的百寶箱，美食小吃、傳統文化、悠久歷史，每一樣都讓人難以割捨。但對我來說，最閃亮的寶石是我在臺南遇到的每一個人。

純樸。

愛管閒事。

容易被感動。

熱情。

我行我素……。

如果要一一列舉我對臺南人的印象，可能三天三夜也講不完。只能選一個的話，用「充滿人情味」來形容是再適合不過了。當然，臺灣的人情味是出了名的，但臺南人特有的溫厚人情更讓我留戀。

傍晚時分，歐吉桑坐在家門口的藤椅上，一手拿著扇子悠哉的搧風消暑。清早的菜市場裡，歐巴桑踩著拖鞋、兩手拎著剛買的魚和蔬菜急急忙忙走過。頂著烈日，老阿伯推著推車在路旁賣起古早味的膨糖。我在臺南遇見的每一個人，都讓我回想起記憶中的臺灣。

最近臺灣流行一句話：「臺灣最美的風景是人」，我卻想要改成「臺南最美的風景是人」。

如此純樸敦厚的臺南人，其實對臺北懷抱著相當複雜的心情，混合著矛盾情結、抵抗意識和對古都的自豪。

之前遇到一位計程車司機，不斷抱怨「臺北人多沒地方住」、「空氣汙染嚴重」等，大肆的批評了臺北之後，又補充道：「其實我之前也在臺北工作，只是闖不出個名堂，所以十年前又回到了臺南。」

有次在小吃店，我偶然和一位三十出頭的年輕人同桌，他開口就稱讚臺南的好：「臺南有好山好水好自然，都市也發展得不錯，真是個好地方。」接著卻臉色一沉說道：

「我本來想在臺北找工作，卻因為要接家裡的事業而不得不放棄。」口氣中透露了些許無奈。

臺南人稱臺北為「天龍國」，是由日本的人氣漫畫《航海王》裡登場的世界貴族「天龍人」所衍生出來的稱呼，原本只是網路用語，現在則連政治人物也會使用，藉以諷刺高高在上的人漠視社會底層的疾苦，從這個詞彙的流行，也可以窺見臺南和臺北微妙的距離感。

到清朝為止，臺南一直是臺灣政治、經濟、文化的中心；到了日治時代，總督府將首都移往臺北，於是戰後很長一段時間臺南都被冷落了。但現在的臺南正以燎原之勢迅速發展，欣欣向榮的蓬勃朝氣是臺北所沒有的，也許趁著這股熱潮，臺南人之間也會形成一種新的身分認同。

其中，將活動據點從臺北轉移到臺南的歌手謝銘祐，便堪稱新臺南人的代表。

他在二〇〇〇年返回故鄉臺南定居，歷經十年歲月，將臺南的人物、四季、生活全寫進歌詞裡，發表了收錄十二首歌的臺語專輯《臺南》。

二〇一三年，他獲得了金曲獎最佳臺語男歌手獎，在頒獎典禮上，他用臺語發表得獎感言：

「我是臺灣人，我是臺南人。」

這段話至今仍讓臺南人驕傲不已。

謝先生甚至表示：「我內心的情感只能夠用臺語來表達。」他的歌也幾乎都是臺語歌，從他的作品裡可以看到他對這片土地和語言的強韌堅持。

「只有臺語才能夠表達臺灣人的真感情，只有臺語才有辦法完整勾勒出臺南的原貌。」他這麼告訴我。

此外，謝先生還組成了麵包車樂團，在臺南各地巡迴舉辦慈善演唱會，他笑著說：「我回到臺南定居之後，每天曬太陽曬到皮膚愈來愈黑了。」言談中透露出臺南人特有的溫柔。不論臺南今後的變化再怎麼快，為了讓更多人透過他的音樂認識臺南，相信他還是會在某個地方持續用臺語寫歌、唱歌吧！

舊書店老闆蔡漢忠

近幾年來臺南的變化確實超乎想像，原本住在臺南的當地人和移居臺南的外地人形成兩股力量，讓臺南刮起了一陣旋風。

靜觀其變的人。

隨風起舞的人。

奮力抵抗的人。

每個人的反應都不一樣。那麼，臺南究竟會乘著這陣風飛往哪裡呢？當地人的確抱著既期待又怕受傷害的矛盾心情，如果這股風潮成了過眼雲煙，屆時得收拾殘局的就是他們這些臺南人。

「表面上愈是華麗，就愈讓人擔心是不是華而不實。」

經營舊書店「草祭二手書店」的蔡漢忠先生這麼說道。他從二〇〇四年開始關注臺南文化和老建築的保存問題，雖然有點擔心臺南的現況，卻也保持著靜觀其變的態度。

這間舊書店位於孔廟的正對面，是二〇〇七年由傳統民宅整修而成，蔡老闆以前是攝影師，本身就具備了藝術才華，所以書店內部的裝潢處處充滿了巧思。

當時整修民宅的風氣還沒那麼盛行，因此這間書店頓時成為全臺矚目的焦點，因為電視節目和雜誌採訪而聲名大噪，吸引了絡繹不絕的觀光客，讓他非常困擾。當初開店的目的是希望愛書人能夠在這裡悠閒的挑書、看書，成名後的情形卻和他的想法背道而馳。

因此草祭二手書店從二〇一三年開始採取會員制，只要繳交會費就能

在這裡享受舒適的閱讀環境。我也繳交了一百元加入會員，還得到百元折價券折抵消費，以這個出色的空間來說相當值回票價。二〇一四年，蔡老闆開了第二間舊書店「城南舊肆」，他的舊書店事業顯然經營得有聲有色。

蔡老闆說，用自己的雙腳親自走一遭、體驗生活的氣息，才能明白臺南的魅力。人們常說「要實際在臺南生活，才會知道臺南真正的好」，但觀光客通常受限於時間和空間，很難做到這一點。事實上，只要試著放慢腳步或多停留一段時間，一定就能感受到臺南的美好。

然而，土生土長的臺南人似乎不太樂見這樣的觀光熱潮，包括我在內，高聲喊著「歡迎來臺南」的人，很多都是剛在這裡落腳的外地人或鮭魚返鄉的年輕人。坊間甚至出現了批判的聲浪：「結果還不都是外地人在起鬨而已！」只是，如果沒有見識過外面的大千世界，恐怕也不會去發掘臺南的魅力和核心價值吧。

不論臺南今後會發展成什麼樣子，古都的記憶一定會繼續保存，成為一座兼容並蓄的城市。

臺南是讓我下定決心重回臺灣懷抱的地方，也是我展開人生第二段「臺灣史」的起點。

為了了解臺灣而來到臺南。
透過臺南而愛上臺灣。
愛上臺灣，也深受臺南的魅力吸引。
對我來說，最有臺灣味的地方莫過於臺南。
今後，我將持續書寫「我的臺南」。
而你是否也準備好感受臺南的熱情了呢？

謝辭

屢次往返東京和臺南之間，如今終於完成了《我的臺南》這本書，我感到非常幸福。我在臺南認識了很多朋友，也受到許多關照，心裡有無限的感激。

在此要特別感謝臺南市政府文化局的鼎力相助，也要謝謝協助我進行採訪的臺南市議員郭國文先生、臺南市政府文化局文化研究科科長涂淑玲女士、同屬文化研究科的陳富堯先生，以及面對我的諸多提問仍不厭其煩為我解答的臺南市政府文化局藝術發展科科長黃宏文先生。

此外，謝謝幫我拍了許多照片的仙波理先生，和他一起騎著機車穿梭在臺南的大街小巷，對我來說是非常難忘的回憶。

還要謝謝本書日文版的責任編輯——新潮社的松倉裕子小姐，第一次見面時她像貿易商一樣兩手拎著大大小小的行李，讓我印象深刻；而後來接手的岡倉千奈美小姐冷靜細心的工作態度則令人激賞，託她們兩位的福，這本書才得以順利在日本出版。

而臺灣版出版之際，也承蒙聯經出版公司林載爵發行人、胡金倫總編輯、林芳瑜女士、林蔚儒小姐、鍾諭賜先生等同仁諸多關照與協助，我從沒想過可以在臺灣出第三本書，實在有些受寵若驚，在此由衷表達我的謝意。

更重要的，是感謝我在臺南遇到的每一個人，在寫完這本書之後，我的腦海中想的念的仍舊是臺南的點滴，看樣子日思夜想著臺南的日子還會持續一陣子吧。

如果各位讀者可以透過這本書深入認識臺南，甚至啟程前往臺南，我將會感到無比欣慰。

mini

信義街

聯經文庫

我的臺南：一青妙的府城紀行

2015年6月初版 定價：新臺幣390元

策劃 臺南市政府文化局
著者 一青妙
譯者 張雅婷
發行人 林載爵

出版者 聯經出版事業股份有限公司
地址 台北市基隆路一段180號4樓
編輯部地址 台北市基隆路一段180號4樓
叢書主編電話 (02)87876242轉221
台北聯經書房：台北市新生南路三段94號
電話：(02)23620308
台中分公司：台中市北區崇德路一段198號
暨門市電話：(04)22312023
台中電子信箱 e-mail：linking2@ms42.hinet.net
郵政劃撥帳戶第0100559-3號
郵撥電話：(02)23620308
印刷者 文聯彩色製版印刷有限公司
總經銷 聯合發行股份有限公司
發行所：台北縣新店市寶橋路235巷6弄6號2樓
電話：(02)29178022

叢書主編 林芳瑜
叢書編輯 林蔚儒
整體設計 何柏興
攝影 仙波理・一青妙

行政院新聞局出版事業登記證局版臺業字第0130號

本書如有缺頁，破損，倒裝請寄回聯經忠孝門市更換。 ISBN 978-957-08-4577-8 (平裝)
聯經網址：www.linkingbooks.com.tw
電子信箱：linking@udngroup.com

國家圖書館出版品預行編目資料

我的臺南：一青妙的府城紀行/一青妙著．
張雅婷譯．初版．臺北市．聯經．2015年6月（民
104年）．248面．14.8×21公分（聯經文庫）
ISBN 978-957-08-4577-8（平裝）

1.遊記 2.人文地理 3.臺南市

733.9/127.6 104009013

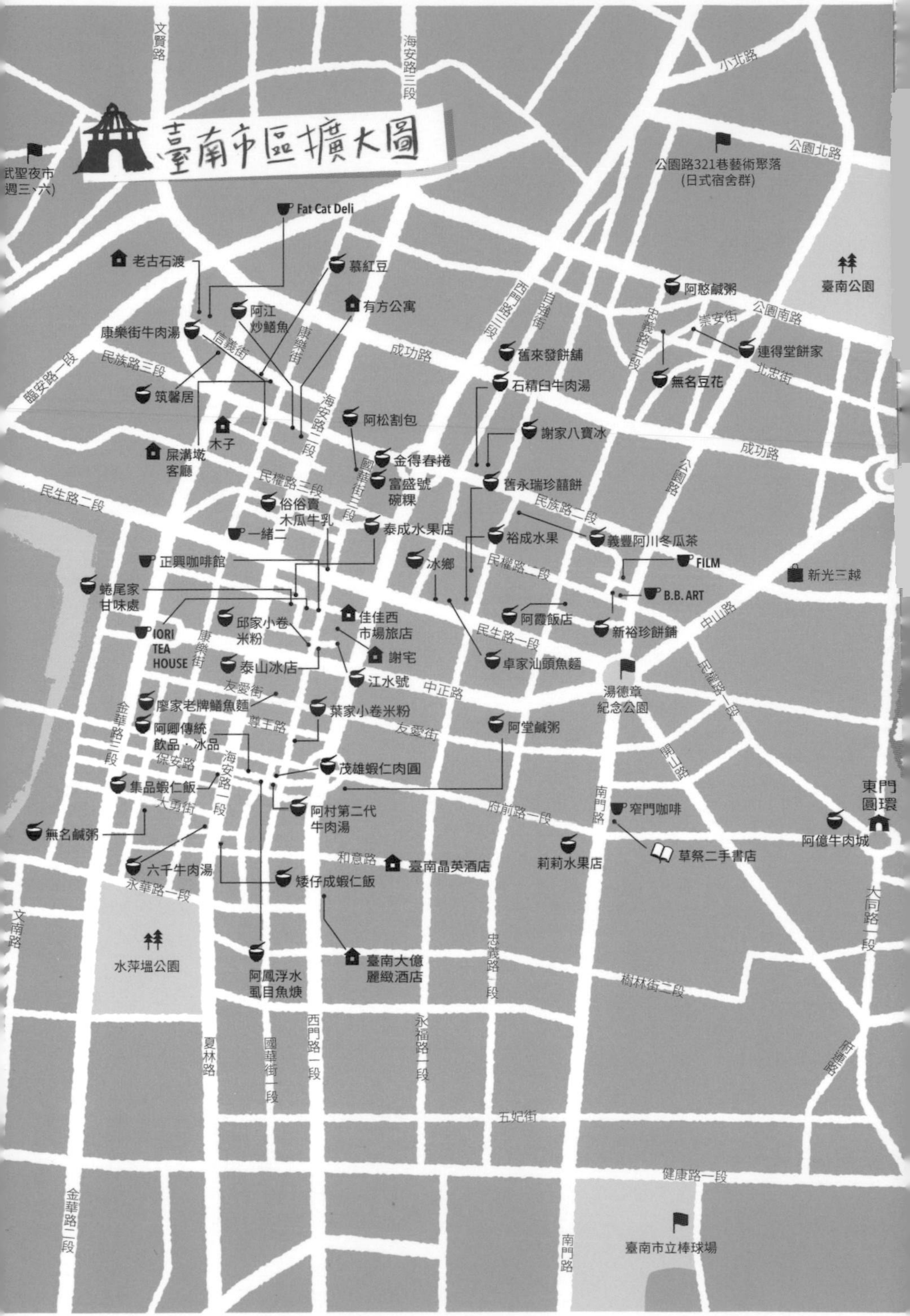
臺南市區擴大圖
文賢路
海安路三段
小北路
公園北路
公園路321巷藝術聚落
(日式宿舍群)
武聖夜市
週三、六)
Fat Cat Deli
老古石渡
慕紅豆
有方公寓
阿江
炒鱔魚
康樂街牛肉湯
信義街
康樂街
臨安路一段
民族路三段
成功路
筑馨居
木子
屎溝墘
客廳
海安路二段
阿松割包
金得春捲
富盛號
碗粿
國華街三段
民權路三段
民生路二段
俗俗賣
木瓜牛乳
一緒二
泰成水果店
正興咖啡館
蜷尾家
甘味處
IORI
TEA
HOUSE
邱家小卷
米粉
佳佳西
市場旅店
謝宅
泰山冰店
江水號
友愛街
廖家老牌鱔魚麵
葉家小卷米粉
阿卿傳統
飲品・冰品
尊王路
金華路三段
保安路
茂雄蝦仁肉圓
集品蝦仁飯
海安路一段
大勇街
阿村第二代
牛肉湯
無名鹹粥
六千牛肉湯
和意路
臺南晶英酒店
矮仔成蝦仁飯
永華路一段
文南路
水萍塭公園
阿鳳浮水
虱目魚焿
臺南大億
麗緻酒店
西門路二段
自強街
舊來發餅舖
石精臼牛肉湯
謝家八寶冰
舊永瑞珍囍餅
民族路二段
裕成水果
冰鄉
民權路二段
阿霞飯店
民生路一段
卓家汕頭魚麵
中正路
阿堂鹹粥
府前路一段
阿憨鹹粥
臺南公園
忠義路二段
崇安街
公園南路
連得堂餅家
無名豆花
北忠街
成功路
公園路
義豐阿川冬瓜茶
FILM
B.B. ART
新光三越
新裕珍餅舖
中山路
湯德章
紀念公園
民權路一段
開山路
南門路
窄門咖啡
草祭二手書店
莉莉水果店
東門
圓環
阿億牛肉城
大同路一段
忠義路一段
樹林街二段
夏林路
國華街一段
西門路一段
永福路一段
府連路
五妃街
健康路一段
金華路二段
南門路
臺南市立棒球場

臺南地圖

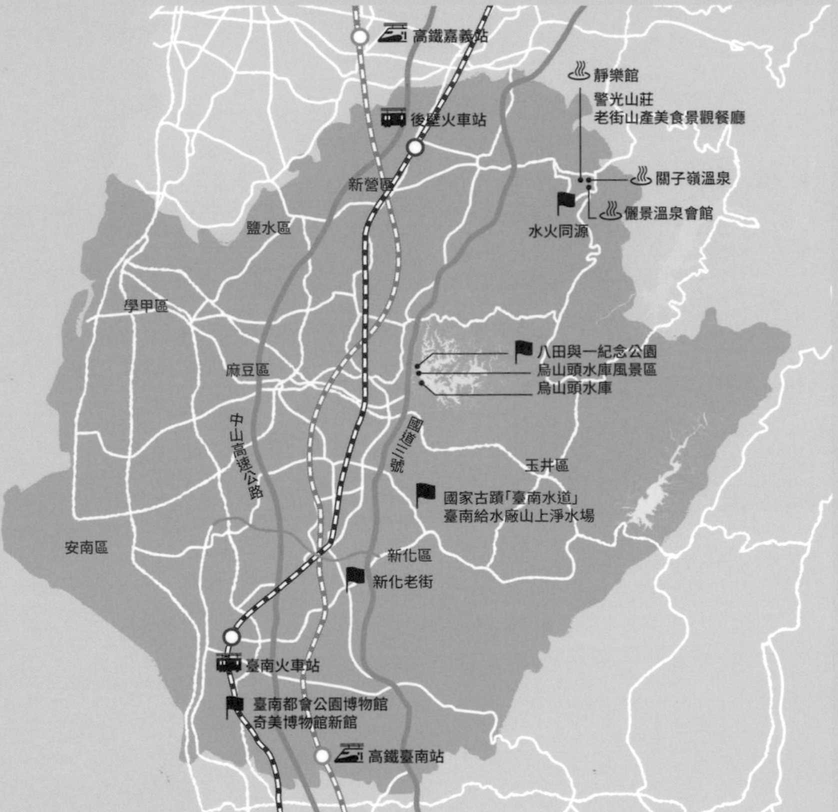
高鐵嘉義站
靜樂館
警光山莊
老街山產美食景觀餐廳
後壁火車站
新營區
關子嶺溫泉
儷景溫泉會館
鹽水區
水火同源
學甲區
八田與一紀念公園
烏山頭水庫風景區
烏山頭水庫
麻豆區
中山高速公路
國道三號
玉井區
國家古蹟「臺南水道」
臺南給水廠山上淨水場
安南區
新化區
新化老街
臺南火車站
臺南都會公園博物館
奇美博物館新館
高鐵臺南站